Harold Paul Adolph
Unter Mitarbeit von Dave Bourne

Gesund mit Gottes Hilfe

Für Geist, Seele und Leib

Verlag der
Francke-Buchhandlung GmbH
Marburg an der Lahn

Die Namen der in diesem Buch erwähnten Patienten wurden zur Wahrung ihrer Anonymität geändert.

Die Informationen in diesem Buch sollten keinesfalls als medizinischer Rat aufgefaßt werden.

CIP-Titelaufnahme der Deutschen Bibliothek

Adolph, Harold Paul:
Gesund mit Gottes Hilfe : für Geist, Seele u. Leib / Harold Paul Adolph. [Dt. von Christiane Bartning-O'Brien]. – Marburg an d. Lahn : Francke, 1988
(Edition C : S, Antwort auf Lebensfragen ; 8)
Einheitssacht.: Stop making yourself sick ‹dt.›
ISBN 3-88224-603-0
NE: Edition C / S

Originaltitel: STOP MAKING YOURSELF SICK

Deutsch von Christiane Bartning-O'Brien / das büro Dorothee Bartning
Umschlaggestaltung: Litera / Archiv
Druck: St.-Johannis-Druckerei, Lahr
23996/1988

Edition C, Nr. S 8

Inhaltsverzeichnis

1 Der Atem des Lebens

Welche Sekte in den Vereinigten Staaten ist Ihrer Meinung nach die größte? Die Hare Krishnas? Die Anhänger des Reverend Sun Myung Moon? Die Mormonen? Jede dieser Gruppen möchte zweifellos als Anwärter auf diesen Titel gelten – aber keine reicht auch nur annähernd an ihn heran.

Vielleicht können Ihnen in diesem Zusammenhang einige Hinweise Aufschluß geben. Die einflußreichste Sekte in diesem Land hat in den letzten beiden Jahrzehnten ihre Mitgliederzahl mehr als verdoppelt. Nach einer kürzlich erfolgten Umfrage behaupten sogar 59% aller amerikanischen Männer und Frauen, ihre täglichen Rituale eifrig zu befolgen.

Viele Mitglieder bekennen, daß ihr Leben sich auf einschneidende Weise veränderte, als sie sich den Disziplinen der Sekte unterwarfen. Ein Anhänger meint: „Ich kann nun alles tun. Ich bin übermenschlich." Ein anderer berichtet, daß er sich durch die Mitgliedschaft zu der Sekte folgendermaßen veränderte: „Jetzt bin ich lebendig, während ich vorher nur ein lebender Toter war."

Die „Sekte", auf die ich mich beziehe, ist die der Anhänger der körperlichen Fitness.

Seit den frühen Sechziger Jahren, als John F. Kennedy der Nation ein zur Nachahmung anregendes Modell jugendlicher Fitness vorführte, haben Amerikaner die Körperertüchtigung mit beinahe religiöser Intensität verfolgt. Schwimmen, Radfahren und Jogging stehen an oberster Stelle der bevorzugten Sportarten, während „Ultra"-Aktivitäten – die Erprobung körperlicher Kraft und Ausdauer bis an die äußerste Grenze – nun zunehmend in Mode kommen. Was Amerika eroberte, schwappte auch bald nach Europa über.

Aber gerade als Amerikas 20jährige Liebesaffäre mit den Freuden der Körperertüchtigung ihren Höhepunkt erreichte, schlug das Schicksal zu. Vielleicht mehr als jeder andere hatte Jim Fixx dem Durchschnittsmenschen die Vorzüge der regelmäßigen Körperertüchtigung nahegebracht. Sein Bestseller „The Complete Book of Running" (Random House) galt als Klassiker auf diesem Gebiet. Für Millionen Amerikaner, die begierig die Glaubensartikel der Sekte der körperlichen Gesundheit aufnahmen, war sie praktisch eine Bibel.

Dann ganz überraschend, war Fixx eines Tages tot. Ironischerweise starb er an einem Herzanfall – beim Jogging. Beinahe über Nacht sah sich die gesamte Sekte in einen Zustand der Panik versetzt. Da einer ihrer Führer von ihnen gegangen war, begannen die Mitglieder nun verunsichert, ihre Praktiken in Frage zu stellen. *Ist es möglich, daß wir uns die ganze Zeit geirrt haben?* fragten sie sich. *Ist die Körperertüchtigung nur ein schnellerer Weg, sich selbst umzubringen? Werden ihre Vorzüge wirklich überschätzt?*

Andere jedoch erkannten in einem Moment der Einsicht, worum es eigentlich ging: Was konnte denn noch für ein langes Leben entscheidend sein, nachdem körperliche Ertüchtigung allein nicht mehr als zuverlässiger Garant gelten konnte? Wodurch konnte man tatsächlich ein Gefühl des Wohlbefindens und der Gesundheit im Leben erlangen?

DER VERNACHLÄSSIGTE FAKTOR

Bei all ihrer Beschäftigung mit Gewichtheben, Tennisspielen und Radfahren bis zur Bewußtlosigkeit hatten die Anhänger der Körperertüchtigung eine grundlegende Wahrheit nicht erkannt: Um echte Gesundheit zu erleben, darf der Mensch sich nicht allein auf körperliche Übungen beschränken. Er muß auch etwas für seine *geistliche* Gesundheit tun.

Es ist eine Tatsache, daß zwischen unserer geistlichen Gesundheit und unserem körperlichen Wohlbefinden eine direkte Beziehung besteht. Nach nahezu 25jähriger Praxis als Arzt und Chirurg habe ich festgestellt, daß Menschen, die in Gemeinschaft mit Gott leben – deren geistliches Leben auf ihn gegründet ist –, ein bedeutend höheres Maß körperlicher Gesundheit genießen können.

Diese Behauptung mag recht kühn erscheinen, aber es gibt Belege dafür. In 2. Mose lesen wir zum Beispiel: „Wirst du der Stimme des Herrn, deines Gottes, gehorchen und tun, was recht ist vor ihm, und merken auf seine Gebote und halten alle seine Gesetze, so will ich dir keine der Krankheiten auferlegen, die ich den Ägyptern auferlegt habe; denn ich bin der Herr, dein Arzt" (2. Mose 15, 26).

ICH BIN FROH, DASS SIE DIESE FRAGE GESTELLT HABEN

An dieser Stelle haben Sie sicherlich eine ganze Reihe von Fragen. Vielleicht fragen Sie sich, ob ich glaube, daß alle Krankheit das Ergebnis geistlicher Rebellion ist, oder Sie wollen vielleicht wissen, warum so viele überzeugte Christen unter Schmerzen oder einer angegriffenen Gesundheit zu leiden haben, wenn ein geistlich gesundes Leben der Schlüssel zu einem körperlich gesunden Leben ist.

Diese Fragen verdienen in der Tat unsere besondere Aufmerksamkeit.

Ist alle Krankheit das Ergebnis geistlicher Rebellion? Wenn man die Prämisse dieses Buches bis ins Extrem steigert, *könnte* man daraus schließen, daß nur solche Menschen von Krankheiten angegriffen werden, die dem Herrn ungehorsam sind.

Ich sprach einmal mit einem Arzt aus der Tschechoslowakei, der mir von drei kommunistischen Ärzten in seinem Heimatland erzählte, die ihn fälschlicherweise einer Fahrlässigkeit bei seiner Berufsausübung anklagten. Diese Ärzte legten ganz bewußt einen Meineid ab, um dem Arzt durch falsche Beschuldigungen zu schaden und ihre Verachtung für ihn zum Ausdruck zu bringen. Nachdem sie jedoch gegen ihren Kollegen ausgesagt hatten, wurde jeder dieser Ärzte von einem frühen Tod ereilt. Einer starb, kurz nachdem er seine Aussage gemacht hatte, an einem Herzanfall. Der zweite bekam Leukämie, und der dritte wurde bei einem Raubüberfall erschossen.

Das klingt recht überzeugend. Dennoch glaube ich, daß es ein Fehler wäre, aus solchen Beispielen zu schließen, daß *alle* Krankeiten auf einer Mißachtung des göttlichen Gesetzes beruhen. Wenn es auch zweifellos eine Beziehung zwischen diesen beiden Dingen gibt, so sagt uns doch der gesunde Menschenverstand, daß diese Beziehung nicht für *alle* Krankheiten verantwortlich sein kann. Wenn ein Mensch darauf besteht, nur mit Shorts und Sandalen bekleidet, in einen Schneesturm hinauszugehen, setzt er sich selber der Gefahr einer Lungenentzündung aus. Wenn Sie im Büro neben einem Mitarbeiter sitzen, der unter einer schweren Erkältung zu leiden hat und oft genug niesen muß, werden die Viren in der Luft wahrscheinlich in Ihre Atemwege gelangen – ungeachtet Ihres geistlichen Zustandes.

Obwohl ich also fest davon überzeugt bin, daß Krankheit oft mit dem Zustand unseres geistlichen Wohlergehens in Zusammenhang steht, folgt daraus nicht notwendigerweise, daß *alle* Krankheit auf diese Weise verursacht wird. Eine sorgfältige Analyse anderer Faktoren, die ich in diesem Buch darstellen werde, wird die tatsächliche Ursache einer Krankheit am besten bestimmen.

Wenn geistliche Gesundheit mit körperlicher Gesundheit in Verbindung steht, warum sind dann so viele Christen krank? Auf diese Frage scheint es zwei mögliche Antworten zu geben. Eine Erklärung konzentriert sich auf die spezifischen Ursachen einer Krankheit. Die medizinische Forschung

z. B. hat Rauchen, Trinken, Promiskuität, Drogengebrauch und unzählige andere Verhaltensweisen mit verschiedenen körperlichen Krankheiten in Zusammenhang gebracht. Christen sind bestrebt, den allgemeinen Lehren der Schrift in bezug auf diese krankheitsverursachenden Praktiken gehorsam zu sein, und meiden sie deshalb. Wieso wird ein Christ dann trotzdem krank? Er vermeidet doch bereits genau die Dinge, die wahrscheinlich einige Krankheiten verursachen.

Die meisten Christen meiden zwar sorgsam Zigaretten, Alkohol und wahllosen Geschlechtsverkehr, aber das Problem liegt darin, daß viele den *Einstellungen*, die Krankheiten hervorrufen können, nicht die geringste Aufmerksamkeit schenken. In den folgenden Kapiteln werden wir untersuchen, auf welche Weise Haß, Schuld, Furcht und Unzufriedenheit verheerende Auswirkungen auf das körperliche Befinden eines Menschen haben können. All diese Gefühle stehen in direktem Gegensatz zum Wesen Christi und sind alle als Krankheitsursachen zuverlässig belegt. Was schließen wir aus dieser Erkenntnis? Nun, ein Christ, der Nahrungsmittel, Getränke oder sexuelle Verhaltensweisen meidet, die zu körperlicher Krankheit führen können, muß darüber hinaus auch sein *Herz* erforschen. Nagt in Ihrem Gefühlsleben irgendein Problem oder eine schädliche Einstellung an Ihnen? Das könnte sehr wohl die Ursache Ihrer Krankheit sein. Glauben Sie mir, dieses Problem betrifft sogar die aufrichtigsten Christen.

S. I. McMillen berichtet von einer Missionarin in Indien, die von den unmoralischen Zuständen in dieser Nation sehr betroffen war. Sie betete beständig darüber, hegte aber immer noch einen Zorn auf die Beamten, die es zuließen, daß solche Praktiken wie die Kinderprostitution straffrei betrieben werden konnten.

Nehmen wir an, daß die Abneigung dieser Missionarin gegenüber diesen gleichgültigen Beamten völlig gerechtfertigt war, so forderte diese Abneigung dennoch allmählich ihren körperlichen Tribut. Ihr Zorn verengte die Ringmuskulatur am Magenausgang und verursachte eine vermehrte Produktion von Magensäure; es entwickelte sich bei ihr ein Magengeschwür. Da sie weiterhin unvermindert Gefühle der Abneigung hegte, begann das Magengeschwür zu bluten. Sie war eine wunderbare Christin, die materielle Besitztümer aufgegeben hatte, um nach Indien zu kommen, und die im vollzeitlichen Dienst für Christus stand. Dennoch hatten ihre Gefühle der Abneigung ein Magengeschwür hervorgerufen, das einmal sogar sechs Tage lang ununterbrochen blutete, so daß sie dadurch beinahe verblutet wäre – ein schreckliches Schicksal, das als Exsanguination bekannt ist.

Mit einigen geringfügigen Änderungen könnte dieselbe Geschichte auch auf viele andere Christen zutreffen. Vielleicht haben sie keine blutenden Magengeschwüre, sondern Krebs, Arthritis und eine Unmenge anderer Krankheiten, die mit gefühlsmäßigem Aufruhr in Zusammenhang stehen. Glaubensbekenntnisse, die im Gottesdienst ausgesprochen werden, reichen nicht aus. Eine tägliche Kreuzigung des Ichs und der Gehorsam den göttlichen Geboten gegenüber sind unerläßliche Voraussetzungen wahrer Gesundheit.

Eine zweite mögliche Antwort auf die Frage, warum gerechte Menschen leiden, ist etwas komplizierter. Beim Nachdenken über diese Antwort sind wir gezwungen, den Bereich unserer eigenen Weisheit und Erkenntnis zu verlassen. Wir müssen uns auf die Ebene des Glaubens wagen.

Warum guten Menschen schlechte Dinge zustoßen, ist ein Problem, mit dem Theologen und Philosophen bereits seit vielen Jahrhunderten ringen. Nach all diesen Jahren der Debatte ist der Mensch einer eindeutigen und allgemein anerkannten Antwort nicht nähergekommen.

Wir alle kennen sicherlich Christen, die in ihrem Glaubensleben dynamisch sind und beispielhaft ausleben, was es bedeutet, wenn Christus in einem Menschen wohnt. Und doch werden solche Menschen plötzlich und ohne Vorwarnung beispielsweise von einer Lähmung betroffen oder werden Opfer eines Herzanfalles oder der Addison-Kranheit.

Oh, es *gibt* Erklärungen für diese Dinge. Gott gebraucht solche Umstände zu seiner Verherrlichung. Bei einer endgültigen Analyse kann uns jedoch nur der Glaube über dieses Problem Aufschluß geben. Das heißt nicht, daß wir der Realität ausweichen oder die Verantwortlichkeit des einzelnen in Frage stellen. Es ist einfach ein schlichtes Eingestehen der Tatsache, daß es Dinge im Leben gibt, die unser begrenztes Denken nicht erfassen oder aufnehmen kann. Der allmächtige Gott hat verheißen, daß denen, die ihn lieben, *alle* Dinge zum Besten dienen (Römer 8,28). Diese Verheißung ist keine Hypothese, sie ist keine Theorie, sie ist eine Tatsache, und wir müssen entsprechend mit ihr umgehen. Gott hat uns das Problem des Schmerzes anvertraut. Wir müssen mit unserem Mangel an Wissen über dieses Problem leben bis zu dem Tag, an dem alle Geheimnisse erklärt werden.

Welche Schlüsse können wir aus dem Gesagten hinsichtlich der Gesundheit von Nichtchristen ziehen? Wenn geistliche Gesundheit in direkter Beziehung zum körperlichen Wohlbefinden eines Menschen steht, was können wir dann über die Gesundheit von Menschen sagen, die Jesus Christus nicht kennen? Kann man daraus den Schluß ziehen, daß ihr

Gesundheitszustand nicht an den eines Christen heranreicht?

Das ist offensichtlich ein heikles Thema, das sich nicht so ohne weiteres beantworten läßt. Es gibt Beispiele von kerngesunden und widerstandsfähigen Ungläubigen. Der berühmte atheistische Philosoph und Schriftsteller Bertrand Russell wurde 98 Jahre alt. George Bernard Shaw, ein Dramatiker, der nicht gerade für seine Liebe zum Christentum bekannt war, erreichte ein Alter von 94 Jahren. Wenn Gott die Bösen für ihren geistlichen Ungehorsam bestraft, wie können dann Männer wie diese solch ein hohes Alter erreichen? Vielleicht bezog sich David auf diesen merkwürdigen Umstand, als er bemerkte, daß die Bösen anscheinend „zu allen Zeiten gedeihen" (Psalm 10,5).

Um diese Frage beantworten zu können, sollte man feststellen, welche *allgemeinen Regeln* es gibt, und sich nicht so sehr auf Abweichungen von diesen Regeln konzentrieren. Zum Beispiel raten die meisten Ärzte ihren Patienten, das Rauchen und Trinken zu unterlassen. Dennoch hören wir hin und wieder von einem ergrauten alten Herrn, der an seinem 100. Geburtstag seine Langlebigkeit der Tatsache zuschreibt, daß er zeit seines Lebens jeden Abend vor dem Schlafengehen einen Schluck Whisky zu sich nahm. Auch eine gute Zigarre nach dem Abendessen wird von ihm nicht verschmäht. Bedeutet dies, daß Ärzte in der ganzen Welt einen Fehler gemacht haben, als sie den Menschen die Enthaltsamkeit von diesen Dingen angeraten haben? Sollten wir nun alle gläserweise Whisky hinunterschütten und dicke Zigarren paffen, um länger zu leben? Natürlich nicht! Es ist eine Tatsache, daß das lange Leben dieses einen alten Herrn die Ausnahme einer Regel darstellt, die bestimmte Praktiken und deren Auswirkungen auf unsere Lebensdauer betrifft. Aber keinesfalls kann diese eine Ausnahme die allgemeine Gültigkeit dieser Regel in Frage stellen. Ausnahmen bestätigen die Regel.

In Anbetracht unserer ursprünglichen Fragestellung glaube ich, daß es möglich ist, daß Menschen, die im geistlichen Bereich ungehorsam sind, ein langes, gesundes Leben führen *können*. Dennoch möchte ich behaupten, daß ihr körperlicher Gesundheitszustand in der Regel schlechter ist als der eines Christen.

Wie kann ich solch eine vorschnelle Behauptung aufstellen? Bedenken Sie folgende grundlegende Wahrheit: Ein Mensch, der Jesus Christus persönlich nicht kennt, kann joggen, schwimmen und eislaufen und sich damit körperlich fit halten. Er kann nach Herzenslust Gewichte stemmen. Er kann jedes nur erdenkliche Trainingsprogramm ausüben, um seinen Körper fit zu machen. Jedoch bleibt eine unwiderlegbare Tatsache bestehen: Diese Bemühungen, den körperlichen Gesundheitszustand zu verbessern, tragen nichts zur Heilung der Seele bei. Die Menschen können sich nicht selbst mit Gott versöhnen, indem sie ihren Blutdruck senken oder ihren Kreislauf verbessern. Nur eine Anerkennung und eine Inanspruchnahme des Opfertodes Christi kann Menschen zu Gott bringen.

Was will ich damit sagen? Körperliche Ertüchtigung ist etwas Gutes, aber wahre körperliche Gesundheit hängt auch von dem Zustand des geistlichen Lebens eines Menschen ab (1. Timotheus 4, 7-8). Ich habe dieses Phänomen zu oft beobachtet, um seine Wahrheit anzuzweifeln.

Im Jahre 1980 arbeitete ich einige Wochen in einem Krankenhaus in der Zentralafrikanischen Republik. Während meines Aufenthaltes dort erzählten mir viele der Frauen, daß sie befürchteten, keine Kinder bekommen zu können – und das mit gutem Grund. Einige Untersuchungen ergaben, daß es unter den Frauen des Zande-Stammes tatsächlich eine alarmierend hohe Unfruchtbarkeitsrate gab.

Diese statistischen Werte ließen sich zum Teil durch ihren Lebensstil begründen. Um zu beweisen, daß sie später attraktive Ehefrauen sein werden, versuchen Zande-Frauen so viele Sexualpartner wie möglich zu haben. Als Ergebnis ihrer Promiskuität ziehen sich viele von ihnen eine Entzündung im Beckenbereich zu, die zur Unfruchtbarkeit führt. Solche Entzündungen greifen das zarte Gewebe der Eileiter an und machen eine Empfängnis nahezu unmöglich. Wovor Gott in 5. Mose 8, 15-18 gewarnt hatte, traf bei diesen Frauen ein. Auf Grund ihres zügellosen Lebensstils litten sie unter dem Fluch des „unfruchtbaren Leibes". Diese Schlußfolgerung mag etwas hart klingen. Sünde hat jedoch immer harte Folgen. Diese Frauen hatten die Botschaft der Errettung gehört, waren aber entschlossen, an ihrem eigenen Lebensstil festzuhalten. Wir stehen vor einer ähnlichen Entscheidung: Wir können Gott und das Leben wählen, oder wir können uns für die Sünde und den Tod entscheiden. Gottes Rezept für unsere Gesundheit steht jedem zur Verfügung, der sich entscheidet, es anzunehmen. Es ist wahrlich der Atem des Lebens.

EIN WORT ZU KÖRPERLICHEM TRAINING

Zu Anfang dieses Kapitels habe ich einige Bemerkungen über den Wert des körperlichen Trainings gemacht. Bevor wir uns weiter mit dem Thema der geistlichen Gesundheit beschäftigen, sollte ich vielleicht noch ein oder zwei klärende Bemerkungen über meine Auffassung zu körperlichem Training vorausschicken.

Zunächst einmal vertrete ich nicht die Auffassung, daß wir körperliches Training unterlassen sollten. Ich plädiere nicht dafür, daß wir es tatenlos hinnehmen sollten, daß unser körperlicher Zustand sich verschlechtert. Ganz im Gegenteil. Körperliche Fitness kann sogar dazu beitragen, einen Menschen vor erhöhtem Blutdruck und vor Herzinfarkt zu schützen. Bitte verstehen Sie mich daher nicht falsch – Sie sollen keinesfalls Ihren Trainingsanzug verbrennen oder Ihre Turnschuhe fortwerfen.

Außerdem können die Richtlinien, die viele Fitness-Experten zur Verbesserung Ihrer körperlichen Gesundheit empfehlen, überraschenderweise auf wichtige Prinzipien im *geistlichen* Bereich übertragen werden. Zusammengefaßt empfehlen die Spezialisten fünf Regeln, die wir zur Erhaltung unserer körperlichen Gesundheit beachten müssen.

1. *Regelmäßiges Training.* Diese Empfehlung wird niemanden überraschen, der die letzten zwanzig Jahre nicht auf dem Mond gelebt hat. Dieser Rat erklärt auch, warum Fitnesszentren, Kureinrichtungen und Sportklubs in letzter Zeit wie Pilze aus dem Boden geschossen sind.

2. *Regelmäßige Ernährung.* Wenn Sie selbst niemals auf eine bestimmte Diät gesetzt wurden – bei der zum Beispiel die Einnahme von Salz, Cholesterin, Zucker und ähnlichen Dingen eingeschränkt werden –, kennen Sie wahrscheinlich jemanden, auf den das zutraf. Sie kennen wahrscheinlich auch die Verwirrung, die gewöhnlich bei solchen Menschen herrscht: „Welche Art von Salz, wenn überhaupt, kann ich verwenden? Wieviel? Wie oft? Darf ich Nahrung mit Cholesterin zu mir nehmen? Verhindert dieser Stoff Krebs oder verursacht er ihn?“

3. *Regelmäßige Ausscheidung.* Dies bezieht sich auf den normalsten aller menschlichen Vorgänge – der Gang zur Toilette. Wenn unser System nicht gereinigt wird – entweder durch natürliche oder durch künstliche Mittel –, geht es uns nicht anders als verstopften Abwässerrohren.

4. *Regelmäßige Erholung.* In unserer Gesellschaft scheint man sich allgemein darüber einig zu sein, daß eine Woche Urlaub im Süden das Leben eines Menschen um ein Jahr verlängert. Das medizinische Urteil über diese Behauptung steht zwar noch aus, aber die meisten Ärzte stimmen in der Tat darin überein, daß der Körper Zeit braucht, um sich von dem Streß zu erholen, unter dem er während der übrigen einundfünfzig Wochen des Jahres zu leiden hat.

5. *Regelmäßige Untersuchungen.* Wenigstens einmal im Jahr empfehlen Ärzte eine medizinische Untersuchung, damit wir nicht eines Tages feststellen müssen, daß unser irdischer Tempel kurz vor dem Zusammenbruch steht. Diese Untersuchung kann solche Verfahren wie z.B. Röntgen, Mammogramm, EKGs und die Analyse von 72 Bestandteilen in

Ihrem Blut beinhalten. Wenn Sie erst einmal auf diese Weise abgeklopft und durchleuchtet worden sind, werden Sie ganz bestimmt eine Erholungswoche im Süden nötig haben!

EIN GEISTLICHES REZEPT

Nachdem wir nun diese Rezepte für *körperliche* Fitness untersucht haben, wollen wir nun ihre Entsprechungen im *geistlichen* Bereich darstellen.

1. *Geistliches Training.* Ist das Auswendiglernen von Bibelstellen die geistliche Entsprechung für das Joggen? Nicht unbedingt, aber es besteht kein Zweifel daran, daß wir unseren Geist derselben harten Disziplin unterwerfen müssen, mit der Schwimmer, Fußballspieler und Skiläufer ihren Körper trainieren, wenn wir ihn gesund erhalten wollen. Gebet, Bibellese und regelmäßige Gemeinschaft mit einer Gruppe von Gläubigen sollten Bestandteil unserer geistlichen Lebensführung sein. Es ist zwar immer eine große Versuchung, den bequemeren Weg zu wählen und am Sonntagmorgen im Bett zu bleiben. Dennoch sollten wir daran denken, daß ein Weltklasse-Athlet niemals eine Gelegenheit versäumt, seine Leistungsfähigkeit zu steigern. Das gilt auch für uns.

2. *Geistliche Ernährung.* Anstatt uns unablässig Gedanken darüber zu machen, wie viele Kohlenhydrate, Fett und Zucker wir zu uns nehmen, würde es uns allen gut tun, unserer geistlichen Ernährung größere Aufmerksamkeit zu widmen. Was hat unsere Seele in letzter Zeit aufgenommen – die letzten Produkte aus Hollywoods Traumfabrik oder die aufbauende Nahrung des Wortes Gottes? Das Sich-Einprägen und Aufnehmen der zeitlosen Prinzipien des Wortes Gottes in unser Leben ist ein Schlüssel zu wahrer geistlicher – und damit körperlicher – Gesundheit.

3. *Sündenbekenntnis.* Ebenso wie unser Verdauungstrakt überflüssige Stoffe ausscheiden muß, muß auch unsere Seele nicht bekannte Sünde, Haß, Habgier, Bitterkeit und Stolz „ausscheiden“. Wie wir in späteren Kapiteln noch sehen werden, ist das Sündenbekenntnis im geistlichen Bereich ebenso entscheidend für die körperliche Gesundheit wie eine regelmäßige Ausscheidung – wenn nicht noch entscheidender.

4. *Lobpreis und Danksagung.* Ich habe Menschen erlebt, die ein ganzes Jahr damit verbrachten, einen zweiwöchigen Urlaub zu planen. Der Urlaub ist zwar wichtig, aber wir sollten daran denken, daß im geistlichen Bereich die Einhaltung regelmäßiger Zeiten des Lobpreises und der Danksagung an Gott einer regelmäßigen Erholung im körperlichen Bereich entspricht. Wenn unsere Seele gesund bleiben soll, müssen wir

jeden Tag eine gewisse Zeit damit verbringen, Gott im Gebet, in der Andacht und in der Stille zu suchen. Wenn wir ihm für seine vielen Segnungen danken, werden sich sowohl unsere körperliche als auch unsere geistliche Gesundheit auf bemerkenswerte Weise verbessern. In der Tat: „Ein fröhliches Herz fördert die Genesung; aber ein niedergeschlagener Geist dörrt das Gebein aus“ (Sprüche 17, 22).

5. *Geistliche Bestandsaufnahme.* Wenn wir Zeit und Kosten für eine jährliche medizinische Untersuchung erübrigen können, wäre es dann nicht ratsam, auch genügend Zeit, Energie und Aufrichtigkeit aufzubringen, um eine Untersuchung unserer Seele vorzunehmen? Überprüfen Sie die „entscheidenden Symptome“ Ihres Geistes: Betreiben Sie in ausreichendem Maße geistliches Training, oder ist Ihr Glaube schwammig, weil er Fett angesetzt hat? Sind Sie im Hinblick auf die Versorgung und Ernährung Ihrer Seele Stammkunde beim Schnellimbiß? Die folgende Liste stellt die Beziehung zwischen körperlicher und geistlicher Gesundheit zusammengefaßt dar:

Körperliche Gesundheit	–	Geistliche Gesundheit
Regelmäßiges Training	–	Geistliches Training
Regelmäßige Ernährung	–	Geistliche Ernährung
Regelmäßige Ausscheidung	–	Sündenbekenntnis
Regelmäßige Erholung	–	Lobpreis und Danksagung
Regelmäßige Untersuchung	–	Geistliche Bestandsaufnahme

Wenn wir uns über Gottes Rezept für geistliche Gesundheit Gedanken machen, sollten wir uns wenigstens über eine wichtige Tatsache im klaren sein. Die Vorstellung, die in unserer Gesellschaft im Hinblick auf Gesundheit und Wohlergehen vorherrscht, unterscheidet sich grundlegend von den Aussagen unseres Herrn. Die beste Diät, Erholungsurlaub an den exotischsten Schauplätzen der Welt und die medizinische Untersuchung durch das gesamte Personal einer der berühmtesten Kliniken der Welt mögen sich für unseren Körper als vorteilhaft erweisen – aber wenn Sie nicht ebenso aktiv ein regelmäßiges Programm der geistlichen Fitness durchführen, lassen Sie damit großartige Möglichkeiten ungenutzt!

Die fünf Punkte, die ich hier genannt habe, sind nur als *einführende* Schritte zu geistlicher Fitness zu verstehen. Aber das ist längst noch nicht alles. In späteren Kapiteln werden wir ausführlichere Richtlinien erarbeiten, die Ihnen dabei helfen sollen, ein größeres Maß an geistlicher Gesundheit zu erlangen. Wir werden ebenso auf verschiedene geistliche Haltungen eingehen, die unserer körperlichen Gesundheit schaden können.

2 In die Tiefen des Meeres

Ich legte den absorbierbaren Operationsfaden aus der Hand und verließ den Operationssaal. Am Schreibtisch des Erholungsraumes ruhte ich mich eine Weile aus und schrieb postoperative Anweisungen. Bei einer weiteren Blinddarmentzündung war jenes fingerförmige Anhängsel aus lymphoidem Gewebe entfernt worden. Wieder konnte ein 14jähriger Junge eine Wunde vorzeigen und eine Geschichte erzählen.

Mein nächster Termin, eine Explorations-Operation, sollte in dreißig Minuten beginnen. Ich hatte mir vorgenommen, in der Zwischenzeit mit den Eltern des Jungen zu sprechen und einige Verwaltungsaufgaben wahrzunehmen. Aber noch bevor ich die Anweisungen zu Ende geschrieben hatte, kam eine Krankenschwester mit einer dringenden Nachricht zu mir:

„In der Notaufnahme sitzt ein Mann und weint sich die Augen aus. Keiner weiß, was ihm fehlt, und er möchte niemandem sagen, was mit ihm los ist. Er sagt nur immer wieder, daß er Sie unbedingt sehen muß. Möchten Sie mit ihm sprechen?"

Ich nickte. Ich wußte, um wen es sich handelte. Ich öffnete die Schwingtüren zur Notaufnahme und sah ihn dort sitzen. Stan war schon seit einigen Jahren Patient in meiner Privatpraxis.

„Wie geht es Ihnen heute, Stan?" fragte ich und setzte mich neben ihn. Dabei wußte ich schon, daß ich die Frage falsch gestellt hatte.

„Ich weiß nicht mehr, wie lange ich noch so weitermachen kann."

„Trinken Sie immer noch?"

Eine Pause, ein tränenersticktes: „Jaha."

Stan war ein Mann mittleren Alters, Ehemann, Vater und Alkoholiker. Seine Schwäche für den Alkohol hatte, wie vorauszusehen, in seinem Leben eine ganze Reihe von Problemen geschaffen. Als Ehemann hatte er durch seine Trunksucht seiner Frau unsagbar viel Sorge, Kummer und Unglück bereitet. Als Vater hatte er sich durch seine Trunksucht von seiner heranwachsenden Tochter entfremdet, die seine Aufmerksamkeit dringend gebraucht hätte. Als Arbeiter in einem Warenhaus hatte er es durch seine Trunksucht oft versäumt, zur Arbeit zu erscheinen und sich Ärger mit seinen Kollegen eingehandelt. Stan war sich der Folgen seiner Trunksucht bewußt. Er wußte, an welchem Abgrund er sich bewegte.

Dennoch trank er immer weiter. Die Frage, die sich aufdrängte, war natürlich: Warum tat er das? Wenn er wußte, was er sich selbst und seinen nächsten Mitmenschen antat, warum hielt er dann an diesem selbstzerstörerischen Kurs fest?

Die Ursache von Stans Problem kann meiner Ansicht nach in einem Wort zusammengefaßt werden: Schuld.

Stan hielt sich im großen und ganzen für einen Versager. Jahrelang hatte er sich als schlechter Vater und Ehemann gesehen – und er fühlte sich deshalb *schuldig*. Als Folge davon suchte er Zuflucht in der betäubenden Umarmung des Alkohols. Aber damit setzte er lediglich einen Teufelskreis in Gang: Er fühlte sich schuldig wegen seiner persönlichen Unzulänglichkeiten und trank deshalb; dann fühlte er sich schuldig wegen seines übermäßigen Trinkens und trank noch mehr, um diese Schuld zu vergessen. Trotz meiner dringenden Beschwörungen, lehnte er unentwegt Gottes Vergebung ab, und ich vermute, daß Stan sich auch deshalb schuldig fühlte.

Schuld. Sie ist eine Krankheit mit gewaltigen Auswirkungen, deren Tragweite wohl nur die wenigsten ganz verstehen. Beim Besuch von Nervenheilanstalten könnten Sie feststellen, daß Schuld die Ursache für zahlreiche Probleme der dortigen Patienten ist. Von den 385 Betten in dem Krankenhaus, in dem ich arbeite, sind ganze zehn Prozent von Menschen belegt, die unter verschiedenen Formen von Geisteskrankheit leiden. Auf Grund der Geschichten, die viele dieser Patienten erzählen, wird eine Tatsache deutlich: Dem Krankenhausaufenthalt liegt bei vielen ein ungelöstes, nagendes Schuldgefühl in ihrem Leben zugrunde.

DIE URSACHE DER SCHULD

Die Schuld ist keine neue Entdeckung der Psychologie; sie ist kein Gefühl, das nur dem Menschen des 20. Jahrhunderts angeboren ist. Kürzlich sprach ich mit einem jungen Studenten der Psychologie über sein Fach. Seine Bemerkungen waren sehr aufschlußreich.

„Oh, Schuld“, sagte er, „das ist eine ausgesprochen Freud'sche Vorstellung. Wissen Sie, die Psychologen begreifen erst jetzt allmählich, daß Schuld der Unfähigkeit des Menschen entspringt, das Leben in einer industrialisierten und entfremdeten Gesellschaft zu bewältigen.“ Ach so ist das also! Tatsächlich ist die Ursache der Schuld sehr viel einfacher zu bestimmen. Das Schuldgefühl beruht auf einem Empfinden der Reue, hervorgerufen durch das Wissen, daß wir eine Regel oder ein Gesetz gebrochen haben. Natürlich bezeichnen viele von uns eine ganze Reihe von Gefühlen mit dem etwas verschwommenen Begriff *Schuld.* Wir haben es versäumt, am Muttertag unsere Mutter anzurufen und haben wegen dieser Nachlässigkeit ein schlechtes Gewissen. Wir sprechen etwas barsch mit einem Freund und werden von einem schlechten Gewissen geplagt.

Zum Zweck unserer Untersuchung werden wir uns jedoch auf den Aspekt der Schuld konzentrieren, der einzig und allein auf einer bewußten Verletzung von *Gottes* Gesetz beruht. Die Schrift zeigt auf, daß Gott seinem Volk bestimmte Gesetze gegeben hat, nach denen es seine Lebensführung ausrichten soll. Er hat uns auch eine bereits eingebaute Fähigkeit - unser Gewissen - geschenkt, mit dessen Hilfe wir erkennen können, wann wir eine dieser Anordnungen verletzt haben. Das mag sehr unwissenschaftlich klingen, aber die Verletzung des göttlichen Gesetzes - die Sünde - spielt sich in einer geistlichen Dimension ab und nicht in einem Labor.

In der Schrift wird eindeutig dargestellt, daß der Mensch in der Lage ist, Schuld ganz genau als solche zu erkennen. David zum Beispiel schreibt seine Reaktion dem Wissen zu, daß er eines von Gottes Geboten gebrochen hat. Aber:

> *Als ich es verschweigen wollte,*
> *verschmachteten meine Gebeine*
> *durch mein täglich Heulen.*
> *Denn deine Hand lag Tag und Nacht*
> *schwer auf mir (Psalm 32,3-4).*

Der Fall liegt klar auf der Hand. David hatte gesündigt. Er versuchte, es zu verheimlichen und empfand nun Reue - oder Schuldgefühle - im Hinblick auf diese ganze Sache. Aber war seine Schuld das Ergebnis einer „Unfähigkeit, das Leben in einer industrialisierten und entfremdeten Gesellschaft zu bewältigen"? Wohl kaum.

David erkannte, daß er durch seine Sünde (die auf seiner unmoralischen Beziehung zu Bathseba beruhte) das göttliche Verbot des Ehebruchs übertreten hatte. Der Herr machte David seine Übertretungen auf sehr einschneidende Weise bewußt. Als Gott zu diesem ehemaligen Hirten sprach, wurde Davids „eingebaute Fähigkeit", mit deren Hilfe er eine Verletzung des Gesetzes des Herrn erkennen konnte, aktiviert. Sein Gewissen regte sich. Er empfand Schuld, und diese Schuld verursachte eine Reihe von unangenehmen Nebenwirkungen in seinem Leben. Sehen wir uns seine Worte noch einmal an: „...verschmachteten meine Gebeine durch mein täglich Heulen. Denn deine Hand lag Tag und Nacht schwer auf mir." Wie würde es Ihnen gefallen, wenn die Hand des allmächtigen

Gottes – des Gottes, der Himmel und Erde geschaffen hat – auf *Ihnen* läge?

In Davids Fall entstand Schuld, weil er einen moralischen Maßstab, den Gott gesetzt hatte, nicht anerkennen wollte. Wenn Männer und Frauen diese Maßstäbe heute außer acht lassen, indem sie zum Beispiel vorehelichen Geschlechtsverkehr ausüben, kann das auch ein Schuldbewußtsein zur Folge haben. Die Grundzüge einer Gott wohlgefälligen Lebensweise haben sich in den letzten dreitausend Jahren nicht geändert.

Kürzlich sprach ich mit einer jungen Frau, die in dem Bewußtsein erzogen worden war, daß sexuelle Beziehungen nur im Rahmen der Ehe zulässig seien. Dennoch hatte sie eines Abends diese Regel außer acht gelassen und sich auf eine kurze Affäre mit einem jungen Mann eingelassen. Nun bereute sie es bitter: „Mein ganzes Leben lang habe ich geträumt, in meiner Hochzeitsnacht noch Jungfrau zu sein", weinte sie. „Jetzt ist diese Chance für immer vertan. Ich schäme mich so sehr und fühle mich so schuldig."

Es gibt keinen Zweifel an der Tatsache, daß Gott bestimmte biblische Maßstäbe aufgestellt hat – die alle in seinem Wort unmißverständlich erläutert werden. Wenn wir sie brechen, werden sie uns überführen, daß wir sein Gesetz übertreten haben. Wir sind diesen Maßstäben ungehorsam, wenn wir uns für die weltliche Art von Glück entscheiden und Gottes Gebot zu einem Leben „in der Welt, aber nicht von der Welt" ablehnen. Wir sind seinem Gesetz ungehorsam, wenn wir die Hingabe und Opferbereitschaft im geistlichen Bereich aufgeben, um materiellen Reichtum anzustreben. Wir verletzen seine Gebote, wenn wir die Haltung einnehmen, daß wir ein bestimmtes *Recht* haben, ganz nach Belieben zu tun, was uns gefällt. Ebenso wie bei David und wie bei der jungen Frau, die mit mir über ihren zerstörten Traum sprach, ruht Gottes Hand auch schwer auf uns, wenn wir ihm ungehorsam sind. Die Schuld macht es mehr als deutlich – wenn wir aufrichtig sind –, daß wir uns von ihm entfernt haben.

UNSERE REAKTION AUF DIE SCHULD

Sobald uns dieses Gefühl der Reue überkommt, haben wir verschiedene Möglichkeiten, darauf zu reagieren. Natürlich möchte Gott, daß wir auf eine gesunde und unmittelbare Art mit unserer Schuld umgehen. Das heißt unter anderem, daß wir unsere Sünde bekennen. Wenn wir Gott eingestehen, daß wir seine Gebote verletzt haben, „so ist er treu und gerecht, daß er uns die Sünden vergibt und uns reinigt von aller Ungerechtigkeit" (1. Joh. 1,9). Wir werden an späterer Stelle in diesem Kapitel ausführlicher auf die Notwendigkeit der Beichte und auf die vergebende Gnade Gottes eingehen.

Ich verschiebe das Thema der Vergebung aus einem ganz bestimmten Grund. Leider reagieren viele Menschen auf ihre Schuldgefühle eben *nicht* so, wie Gott es möchte. Statt dessen reagieren sie auf eine Weise, die die Kluft zwischen ihnen und ihm noch vergrößert, ihr Schuldgefühl vertieft und oft schwerwiegende körperliche Folgen hat. Deshalb ist es wichtig, daß wir uns eine Zeitlang mit den verheerenden Auswirkungen der Schuld beschäftigen. Unsere Unfähigkeit, mit Schuld auf gesunde Art und Weise umzugehen, kann vier verschiedene, grundlegende Formen annehmen.

Rebellion. Peters Eltern waren Christen, und so gut sie es konnten, versuchten sie, ihrem Sohn christliche Werte für sein Leben zu vermitteln. Doch gelegentlich schlich sich Peter hinter dem Rücken seiner Eltern aus dem Haus, um gemeinsam mit seinen Freunden zu trinken. Peter erkannte, daß sein Handeln einer Reihe von geistlichen Prinzipien widersprach, und gewöhnlich bereute er sein Verhalten. Aber bald provozierten ihn seine Freunde immer mehr und überredeten ihn, weiter mit ihnen zu trinken. Peter begann sich zu fragen, warum ihm eigentlich sein Verhalten leid tun sollte. Schließlich war er achtzehn Jahre alt und mündig. *„Ich ignoriere einfach diese heftigen Schuldgefühle"*, nahm er sich vor. *„Ich tue das, was mir paßt!"* Bald trank Peter regelmäßig – und in großen Mengen. Die Reaktion auf seine Schuldgefühle bestand im wesentlichen darin, gegen die Maßstäbe zu rebellieren, von denen er intuitiv wußte, daß sie richtig waren. Anstatt zuzugeben, daß sein Verhalten Gott mißfiel, verhärtete er sein Herz und stürzte sich Hals über Kopf in einen Lebensstil, von dem er glaubte, daß er ihn gegen seine Schuldgefühle immun machen würde.

Richten. Eine weitere Art, mit unserer Schuld umzugehen, besteht darin, zu *leugnen*, daß wir irgendein Gefühl der Reue empfinden. Statt dessen vergleichen wir unser Verhalten mit dem anderer Menschen. Wenn wir uns selbst überzeugen können, daß andere Menschen sich mindestens ebenso schlecht verhalten wie wir, haben wir vielleicht nicht mehr ein so schlechtes Gewissen wegen unserer eigenen Handlungen. Vielleicht wird unser Schuldgefühl vergehen.

Diese Art, mit Schuld umzugehen, ist keineswegs neu. Das erste Mal wurde sie im Garten Eden von Adam versucht. Als Gott ihn zur Rede stellte, weil er die Frucht vom Baum der Erkenntnis gegessen hatte, wußte Adam, daß der Herr ihn auf frischer Tat ertappt hatte. Aber wie reagierte

Adam? Er wollte schlau sein und gab Eva die Schuld: „Das Weib, das du mir zugesellt hast, die gab mir von dem Baum, und ich aß!" (1. Mose 3,12). Können Sie sich das vorstellen? Adam hatte gerade die gesamte Menschheit in die Sünde gestürzt, und er wagte es, Gott zu sagen: „Komm schon, sei nicht so wütend auf *mich*, Eva gab mir die Frucht. Wie sollte *ich* denn wissen, daß das verboten war? Ich bin mir keiner Schuld bewußt." Leider wurde Adams Strategie im Umgang mit der Schuld von Generation zu Generation weitergereicht. Mittlerweile sind wir im Befolgen dieser Strategie bereits recht geübt. Wenn wir es versäumen, regelmäßig den Gottesdienst zu besuchen, können wir unser Schuldgefühl durch Argumente herunterspielen, indem wir sagen: „Ja, ich bin zwei Monate lang nicht in der Gemeinde gewesen, aber die Müllers sind schon *drei* Monate nicht dagewesen!"

Geringes Selbstwertgefühl. Kommen Ihnen die Worte „ich habe gesündigt, ich fühle mich wie ein Wurm" irgendwie bekannt vor? Die vielleicht am weitesten verbreitete Antwort auf Schuldgefühle, die durch die Sünde hervorgerufen wurden, ist ein Gefühl völliger Minderwertigkeit. Dieses geringe Selbstwertgefühl ist das genaue Gegenstück zu der zuvor erwähnten „Rebellion". Anstatt wie bei der Rebellion auf Gott und unser Schuldgefühl zu pfeifen, kauern wir uns in diesem Fall unter dem Gewicht seiner „schweren Hand" zusammen. In seinem ersten Brief sagt Johannes, er habe ihn geschrieben, „... damit ihr nicht sündiget" (1. Joh. 2,1). Wenn man diesen Gedanken weiterführt, so verfaßt Johannes diesen Brief auch, damit seine Leser nicht unter dem Schuldgefühl leiden müssen, das die Sünde hervorbringt. Johannes war sich offensichtlich der Tatsache bewußt, daß viele Gläubige unter schweren Schuldgefühlen zu leiden haben, wenn sie sündigen. Daher fügt er rasch hinzu: „Und wenn jemand sündigt, so haben wir einen Fürsprecher bei dem Vater, Jesus Christus, den Gerechten." Leider kommen viele Menschen niemals über Johannes' Aussage in Kapitel 2,1 hinaus. Sie sehen nur die Ermahnung, nicht zu sündigen. Wenn sie dann tatsächlich ein biblisches Gebot übertreten – und sich deshalb schuldig fühlen –, schließen sie daraus: „Ich bin wieder gefallen. Gott kann mich unmöglich lieben. Ich bin eine geistliche Niete."

Isolation. Die vierte allgemeine Reaktion auf Schuld ist gewöhnlich eine Folge des Minderwertigkeitsgefühls. Im allgemeinen zieht sich ein Mensch, der sich schuldig fühlt, weil er Gottes Gesetz übertreten hat, in sein Innenleben zurück. Das war auch Stans Problem. Seine Reaktion auf die Schuld enthielt zwar auch Elemente der Rebellion (er trank weiter und lehnte Gottes Vergebung ab), aber sein hauptsächliches Problem war die Tatsache, daß er sich von Gott, seiner Familie und seinen Mitarbeitern abkapselte, um mit seinen persönlichen Dämonen zu ringen. Diese Art der selbstauferlegten Isolation kann verheerende Folgen haben.

DIE KÖRPERLICHEN FOLGEN DER SCHULD

Bis jetzt haben wir gesehen, daß wir auf Schuld in unserem Leben mit einer ganzen Reihe von inneren Einstellungen reagieren können. Diese verschiedenen Einstellungen existieren jedoch nicht in einem Vakuum; sie können nicht auftreten, ohne andere Aspekte unserer Persönlichkeit in Mitleidenschaft zu ziehen. Daher sollte es nicht überraschen, daß die Schuld ganz offenkundige Auswirkungen auf unsere körperliche Gesundheit haben kann.

Auf einige dieser körperlichen Reaktionen auf die Schuld wollen wir nun näher eingehen.

Die Folgen der Rebellion. Als Peter sich entschloß, sich von Gott abzuwenden, die Existenz von Schuld in seinem Leben zu leugnen und sich in ein Leben der Maßlosigkeit zu stürzen, dachte er, er könne Gott damit eine Lektion erteilen. Er wollte dem Herrn des Universums zeigen, daß er sich von ihm abwenden und obendrein noch viel Spaß haben könnte. Peter machte sich nur selbst etwas vor. Indem er immer mehr Alkohol – und später Drogen – zu sich nahm, setzte er seinen Körper in zunehmendem Maße der Zerstörung aus. Diese Reaktion auf Schuld ist weitverbreitet: Ein überaus leichtsinniger Lebensstil soll die Schuldgefühle verdrängen. Aber wie sehen einige der Folgen dieser Entscheidung aus? In Shakespeares klassischem Stück *Othello* ruft einer der Charaktere aus: „O Gott, daß die Menschen einen Feind in den Mund schütten, der ihnen den Verstand raubt." Hier zeigt der Barde, daß er zusätzlich zu seinem großen literarischen Talent auch noch über ein recht gutes Wissen über die biologischen Auswirkungen des Alkohols auf das menschliche Gehirn verfügte. Da der Alkohol in bestimmten Gebieten des Gehirns zur Athrophie führen kann, entwickeln eine Anzahl von chronischen Alkoholikern tatsächlich eine bestimmte Form des Schwachsinns. Ihnen wird im übertragenen Sinne in der Tat der Verstand geraubt.

Leider muß ich Ihnen jedoch mitteilen, daß die Auswirkungen des Alkohols sich nicht nur auf unsere kleinen grauen Zellen beschränken. Einer von fünf Alkoholikern bekommt auch teilweise Muskellähmung, und viele andere klagen über schmerzvolle Nervenentzündungen.

Trunksucht hat auch eine Verhärtung der Leber zur Folge. Wenn Blut aus dem Magen und Darmtrakt nicht ungehindert durch die verhärtete

Leber strömen kann, entsteht in den Adern ein Druck, der dazu führen kann, daß sich durch diesen Flüssigkeitsstau die Bauchhöhle ausdehnt. In vielen Fällen kann solch eine nicht mehr aufnahmefähige Leber auch einen Rückstau verursachen, was dazu führt, daß die Adern der Speiseröhre anschwellen. Die durch diese Dehnung geschwächten Adern können bersten, was zu schwerwiegender oder sogar tödlicher Blutung führen kann.

Was den Drogengebrauch betrifft, so kann man sagen, daß nahezu alle nicht medizinischen Drogen oder Narkotika für den Körper auf die eine oder andere Weise schädlich sind. Der Gebrauch von Kokain zum Beispiel kann zu ganz offensichtlichen Persönlichkeitsstörungen führen und erhöhten Blutdruck und die völlige Zerstörung der Nasenschleimhaut zur Folge haben. Selbst Marihuana, das als die harmloseste illegale Droge gilt, kann nach längerem Gebrauch kaum wahrnehmbare Veränderungen der Persönlichkeit hervorrufen. Neuere Studien haben darüber hinaus bewiesen, daß der häufige Gebrauch von Marihuana mögliche Genschädigungen und Hormonstörungen im eigenen Körper oder dem eines Nachkommen zur Folge haben kann.

Die Verbindung von Zigarettenrauchen und Krebs ist mittlerweile allgemein anerkannt. Viele Menschen erkennen jedoch nicht, daß chronische Lungenkrankheiten – die auch durch Rauchen hervorgerufen werden können – einen verringerten Sauerstoffgehalt im Blut zur Folge haben, wodurch eine größere Anfälligkeit für Herzanfälle bedingt wird.

Auch Rauchen und übermäßiges Essen können zu einer ernsthaften Krankheit führen, die als Arteriosklerose bekannt ist. Diese Krankheit tritt auf, wenn Cholesterin, eine gelbliche, wachsartige Substanz, sich an den Innenwänden der Arterien ablagert. Davon können auch die Halsschlagadern betroffen sein, die zum Gehirn führen, so wie die, die den Herzmuskel mit Blut versorgen. Manchmal verengt Cholesterin die Hauptschlagader, die mit Sauerstoff angereichertes Blut vom Herzen in andere Teile des Körpers transportiert. Auf diese Weise wird die Blutversorgung der Brust, des Unterleibes und der Arme und Beine beeinträchtigt.

Schließlich werden solche betroffenen Arterien geschädigt, indem sich an ihren Innenwänden Ablagerungen aus faserähnlichen Stoffen und Kalzium festsetzen. An der geschädigten Gefäßwand der Arterie können Blutaustritte erfolgen, oder Blutgerinsel bilden sich in den noch verbleibenden engen Öffnungen. Pathologen führten bei amerikanischen Soldaten, die im Korea-Krieg getötet wurden, Autopsien durch. Dabei fanden sie heraus, daß die Arterien vieler dieser jungen Männer so mit Cholesterin verstopft waren, daß das Blut nur noch durch eine winzige Öffnung hindurchfließen konnte. Wenn sie nicht im Kampf gefallen wären, hätte die Arteriosklerose ihrem Leben bestimmt ein Ende gesetzt.

Natürlich müssen all diese Krankheiten nicht notwendigerweise durch Schuld verursacht sein. Arteriosklerose kann in den Arterien des unschuldigsten Heiligen auftreten. Dennoch scheint klar ersichtlich zu sein, daß ein Mensch, der als Antwort auf die Sünde einen maßlosen beziehungsweise rebellischen Lebensstil annimmt, seine Chancen zur Entwicklung einer dieser Beschwerden dramatisch erhöht.

Die Folgen des Richtens. Durch unsere Angewohnheit, Schuldgefühle abzuwehren, indem wir das Verhalten von anderen verurteilen, stumpft unsere moralische Unterscheidungsfähigkeit im Hinblick auf Gut und Böse ab. Anstatt an der Lösung unserer Probleme zu arbeiten, bewegen wir uns immer unbeirrbarer auf dem eingefahrenen Gleis der Selbsttäuschung. Wir mögen vielleicht in der Lage sein, unseren Verstand einige Wochen oder Monate zu täuschen, aber unseren Körper können wir nicht über einen unbegrenzten Zeitraum hinweg hinters Licht führen. Früher oder später *wird* unser Körper auf den unterdrückten Aufruhr der Gefühle reagieren, der sich in unserem Inneren aufgestaut hat.

Frank empfand Schuldgefühle, weil er sich entschieden hatte, eine lukrative Karriere als Chemiker einzuschlagen. Wieso sollte er sich deshalb schuldig fühlen? Nun, er hatte Gott zu Beginn seines Studiums versprochen, daß er später mit seiner erworbenen Qualifikation eine Arbeit in einer moslemischen Nation anstreben wollte. Christliche Missionare sind in den meisten islamischen Ländern nicht zugelassen, wohl aber Ingenieure. Daher hoffte Frank, mit Hilfe seiner Ausbildung Zugang zu einem dieser Länder zu gewinnen. Wenn er einmal dort war, konnte er auf unauffällige Weise gegenüber seinen moslemischen Mitarbeitern Zeugnis für Gott ablegen. Aber als ein großes Chemieunternehmen Frank kurz nach seinem Abschluß eine Stelle in Amerika anbot, änderte er seinen Entschluß.

„Dieses Angebot schien einfach zu lukrativ, um es abzulehnen", sagte er mir später. „Außerdem hatten viele meiner Freunde hehre Ideale, die sie später aufgaben, um gut bezahlte Arbeitsstellen anzunehmen. Was sollte ich denn tun? Sollte ich mir all das entgehen lassen, während alle meine Freunde kurzentschlossen ihre Chance nutzten?"

Aha, das war es also. Frank hatte Schuldgefühle wegen seiner Entscheidung. Aber er verglich sein Handeln mit dem seiner Freunde, um seine Schuld durch Erklärungen zu verharmlosen. Nun saß er in meiner Praxis und litt unter den ersten Symptomen eines toxischen Schilddrüsenadenoms (Kropfentzündung). Seine verdrängten Schuldgefühle hatten dazu geführt, daß in den letzten Monaten eine Übermenge an Thyroxin in sein Blut ausgeschüttet worden war. Daher war er überaus nervös, seine Augen traten aus den Höhlen hervor, und sein Pulsschlag war beschleunigt. Sollte er weiterhin diese Schuld mit sich herumtragen, könnte er schließlich Herzbeschwerden bekommen, die zum Tode führen.

Die Folgen eines geringen Selbstwertgefühls. Die offensichtlichste körperliche Auswirkung eines geringen Selbstwertgefühls ist die Depression. Ja, tatsächlich: Depression ist nicht nur eine psychische, sondern auch eine körperliche Krankheit. Die Depression hat sogar so viele körperliche Auswirkungen, daß wir uns in einem späteren Kapitel ausführlicher damit befassen werden.

Depression kann im tragischen Extremfall zum Selbstmord führen – die extremste körperliche Reaktion auf ein geistliches Problem.

Die Folgen der Isolation. Wenn Menschen sich aufgrund ihrer Schuld isolieren und in ihr Innenleben zurückziehen und sich in einem Leben der Isolation abkapseln, hat das erstaunliche Auswirkungen auf ihren Körper. In *The Broken Heart* stellt Dr. James Lynch, ein medizinischer Forscher an der John-Hopkins-Universität, eine bemerkenswerte Theorie auf. Dr. Lynch glaubt fest, daß heutzutage in Amerika Einsamkeit die häufigste Todesursache ist. Ein Jahrzehnt der Forschung habe gezeigt, daß Menschen, die sich von anderen zurückziehen, eine zehnmal höhere Todesrate haben als Menschen, die sich gern in Gesellschaft anderer aufhalten. Dr. Lynchs Studien zeigen, daß bei weißen, männlichen Personen unter siebzig Jahren jene, die zurückgezogen leben, doppelt so häufig an Herzerkrankungen, Lungenkrebs und Magenkrebs sterben als die übrigen. Dreimal so viele Männer aus dieser Kategorie sterben an erhöhtem Blutdruck und siebenmal so viele an Leberzirrhose. Obwohl diese Zahlen in erster Linie auf Untersuchungen beruhen, die die physiologischen Reaktionen alleinstehender, geschiedener und verwitweter Personen belegen, wird doch eine allgemeine Tatsache deutlich: Isolation über einen längeren Zeitraum hinweg ist ungesund. Wenn Schuld uns veranlaßt, uns von anderen zurückzuziehen, könnten diese körperlichen Beschwerden auch uns treffen.

GOTTES REZEPT GEGEN SCHULD

Die verschiedenen Krankheiten, die wir in diesem Kapitel untersucht haben, werden nicht in jedem Fall durch Schuld hervorgerufen. Sie werden auch durch andere Faktoren verursacht. Für jede der vier bereits erwähnten Kategorien von Krankheiten, die mit Schuld in Verbindung stehen, gilt, daß die in diesem Buch angeführten Beispiele nur einen kleinen Bruchteil der Beschwerden darstellen, die *möglicherweise* durch Schuld ausgelöst werden können. Als Arzt kann ich diese Krankheiten behandeln. Ich kann Sie wegen Krebs operieren oder Ihnen ein Medikament verschreiben, das den Thyroxin-Gehalt in Ihrem Blut senken soll. Wäre es aber nicht leichter, wirkungsvoller und billiger, es Gott zu erlauben, daß er Ihre Schuld heilt, bevor ich überhaupt meine Behandlung aufnehmen muß?

Wie sieht also Gottes Rezept gegen Schuld aus? Wir müssen lediglich zugeben, daß Sünde die Ursache unserer Schuld ist, diese Sünde dann bereuen und seine Vergebung annehmen.

Manche Menschen nehmen fälschlicherweise an, ein kleines Schuldgefühl hier und da habe noch niemandem geschadet. Angesichts der medizinischen Tatsachen, die ich in diesem Kapitel dargelegt habe, wissen wir nun, daß diese Behauptung falsch ist. An keiner Stelle ermutigt die Bibel Christen, in ihrer Schuld zu verharren. An keiner Stelle wird Christen aufgetragen, gegen Schuld zu rebellieren oder sich ihretwegen einem Gefühl der Minderwertigkeit hinzugeben.

Gott bietet sein Rezept für das Dilemma der menschlichen Schuld an – den Opfertod seines Sohnes. Indem wir all das für uns in Anspruch nehmen, was der Tod Christi beinhaltet, steht uns eine geistlich und körperlich gesunde Alternative zum Schuldbewußtsein zur Verfügung: die Vergebung. Wir können von der Sünde, die zur Schuld geführt hat, reingewaschen werden. Die Gnade unseres Herrn und seine Bereitschaft zur Vergebung werden in der Schrift immer wieder hervorgehoben. Allein in der Apostelgeschichte lesen wir:

Schon die Propheten haben in ihren Schriften vorausgesagt, daß durch Jesus allen Menschen die Sünden vergeben werden, wenn sie an ihn glauben (Apostelgeschichte 10,43).

Das ist der Beweis dafür, liebe Brüder, daß es Jesus ist, durch den ihr Vergebung der Sünden erlangt (13,38).

Dann werde ich ihnen die Sünden vergeben, und als die Auserwählten Gottes werden sie durch den Glauben an mich in sein Reich aufgenommen (26,18).

Die Bedeutung dieser Verse wird in unserem Leben erst dann richtig deutlich, wenn wir sie selbst erlebt haben. Wann immer wir Gott durch Christus um Vergebung unserer Sünden bitten, *können* wir von der Last der Sünde und ihren für unseren Körper schädlichen Nebenwirkungen befreit werden. Nach einem kurzen aufrichtigen Gebet, in dem Sie Ihre

Sünde bekennen, können Ihr Denken und Ihr Körper von einer göttlichen Gesundheit durchflutet werden. Warum sollte noch irgend jemand unter der Schuld leiden, wenn uns von der Vergebung nur ein Gebet trennt? Von 1958 – 1962 leistete ich mein Medizinal-Praktikum und meine Zeit als Assistenzarzt in der Chirurgie des Gorgas -Krankenhauses in der Region des Panama-Kanals ab. Während meines Aufenthaltes dort besuchte ich ein Gefängnis, das vor einigen hundert Jahren von den spanischen Eroberern erbaut worden war. Dieses Gefängnis war in vielerlei Hinsicht einzigartig. Erstens lag es direkt an der Küste des Pazifischen Ozeans und zweitens lagen alle Zellen zum Meer hin. Für diese interessante Bauweise gab es einen ganz bestimmten Grund .

In Panama kann die Flut eine Höhe von vier Metern erreichen. Sie bedeckt das ganze Ufer, und es dauert Stunden, bis sie sich wieder zurückzieht. Die Spanier steckten ihre Gefangenen bei Ebbe in die Zellen. Wenn dann die Flut kam, wurde die gesamte Zelle – in der der Gefangene immer noch eingeschlossen war – überflutet. Nachdem sich die Flut wieder zurückgezogen hatte, trugen die Wachen die leblosen Körper hinaus.

Können Sie sich vorstellen, welch unsagbaren Schrecken diese Gefangenen empfanden, als die Flut in ihre Zellen eindrang, als das Wasser immer höher stieg und sie wußten, daß es keinen Ausweg gab?

Möglicherweise fühlt sich ein Mensch, der unter dem Bewußtsein seiner Schuld leidet, ebenso wie der Gefangene in jener Zelle. Die Flut der Schuld steigt um ihn immer höher, und er sieht keinen Ausweg mehr. Aber wir können Gott danken, denn er hat uns die Vergebung geschenkt, die die Sünde, die unsere Schuld verursacht, auslöschen kann. Wir können aus unseren Gefängniszellen ausbrechen!

Wenn wir dieses Rezept heute anwenden und unsere geistliche Gesundheit erneuern, wird Gott unsere Schuld hinwegtun von uns „so fern der Morgen ist vom Abend“ (Psalm 103,12). Er wird unsere Sünden in die Tiefen des Meeres werfen (Micha 7,19). Wir können die Gewißheit haben, daß in Zukunft Schuld keine körperlichen Krankheiten in unserem Leben verursachen wird.

3 Verweigerte Rechte

Als führender Anatom und Chirurg des 18. Jahrhunderts hätte John Hunter es eigentlich besser wissen müssen. Er wußte, daß er unter einem angeborenen Herzfehler litt. Er wußte auch, daß er bei jedem Wutausbruch dieses lebenswichtige Organ einer enormen Belastung aussetzte. Einmal bemerkte er sogar: „Der nächste Schurke, dem es gelingt, mich wütend zu machen, wird mich umbringen."

Obwohl er wußte, welch verheerende Auswirkungen die Wut auf seinen Körper haben konnte, war Hunter offensichtlich entschlossen, diese Tatsache zu ignorieren. Er wurde auch weiterhin wütend, wann immer es ihm durch die Situation gerechtfertigt schien. Als Hunter jedoch eines Tages einen Gegner bei einem Mediziner-Kongreß scharf angriff, faßte er sich plötzlich an die Brust und brach auf dem Fußboden zusammen. Sein Wutausbruch hatte eine solch starke Zusammenziehung der Blutgefäße in seinem Herzen verursacht, daß sein Herz aufgehört hatte zu schlagen. John Hunter war tot. Seine eigene Wut hatte ihn umgebracht.

Wie dieses Beispiel zeigt, ist die Wut ein Gefühl, das ganz eindeutig körperliche Folgen hat. Jakobus kannte ganz offensichtlich diesen Zusammenhang, denn in seinem Brief rät er den Gläubigen, Wut zu meiden:

... sei jeder Mensch schnell zum Hören, langsam aber zum Reden, langsam zum Zorn (Jakobus 1,19).

Der Apostel Paulus zählt Wut und Haß wiederholt zu den Verhaltensformen, die Christen ablegen sollten:

Denn auch wir ... in Bosheit und Neid, verhaßt und einander hassend (Titus 3,3).

Offenbar sind aber die Werke des Fleisches, welche sind:... Hader... Zorn (Galater 5,19-20).

Alle Bitterkeit und Grimm und Zorn ... sei ferne von euch samt aller Bosheit (Epheser 4,31).

Im Buch Hiob wird treffend zusammengefaßt, warum der Zorn solch eine tödliche Gefühlsregung ist: „Den Toren erwürgt der Zorn" (Hiob 5,2).

Was ist also Wut? Wie bei so vielen anderen Gefühlen auch, gebrauchen wir dieses eine Wort, um eine Vielzahl von Stimmungen zu beschreiben. Wir können sagen, daß uns die Lage im Nahen Osten „wütend" macht, oder wie in Hunters Fall sind wir „wütend", weil jemand eine andere Meinung vertritt als wir.

Ein Lexikon definiert Wut als ein „starkes Gefühl des Unbehagens". Für die Hausfrau jedoch, die gerade entdeckt hat, daß ihre Kinder mit Lehmstiefeln über ihren soeben polierten Küchenfußboden marschiert sind, gibt diese keimfreie Wörterbuchdefinition das ganze Ausmaß dieses Gefühls wohl kaum wieder. Vielleicht ist die Tatsache, daß die Wut solch ein schillerndes Phänomen ist, der Grund dafür, daß das englische Synonym-Wörterbuch *Roget's Thesaurus* mindestens vierzehn verschiedene Synonyme für das englische Wort *anger* (Wut) aufführt – die Skala reicht von dem recht milden Wort *resentment* (Unmut) bis zu dem ausdrucksstarken Wort *fury* (Raserei). Bei dieser Vielfalt von Definitionen und Ursachen der Wut wollen wir uns auf einige spezifische Aspekte der Wut konzentrieren und dabei auch die *geistlichen* Dimensionen der Wut mit einschließen. Welche Eigenschaft des Menschen im geistlichen Bereich ist dafür verantwortlich, daß Wut, Unmut und Haß solch häufig anzutreffende Gefühlsregungen sind?

WODURCH WIRD WUT VERURSACHT?

Eine oft nicht erkannte Ursache der Wut läßt sich in zwei Worten zusammenfassen: verweigerte Rechte.

Als Ergebnis des Sündenfalls haben alle Menschen „gesündigt und ermangeln der Herrlichkeit Gottes" (Römer 3,23). Als Folge von Adams Sünde haben Sie und ich diese sündhafte Veranlagung geerbt; wir sind von Gott entfremdet und können nur durch eine persönliche Beziehung zu Jesus Christus wieder mit ihm vereint werden. Diese theologische Wahrheit sagt sehr viel darüber aus, warum Menschen wütend werden. Wir als Sünder sind ganz allgemein bestrebt, unsere eigenen Interessen über alle anderen Dinge und Menschen zu stellen. Jesaja formulierte das so: „... ein jeder wandte sich auf seinen Weg" (Jesaja 53,6). Die meisten von uns glauben, wir hätten ein absolutes, unantastbares *Recht* auf gewisse Besitztümer oder Handlungen.

Wenn wir meinen, irgend jemand oder irgend etwas habe uns daran gehindert, diese unveräußerlichen Rechte wahrzunehmen, reagieren wir mit Aggression. Wenn jemand die Seifenblase zerplatzen läßt, in der unsere ichbezogene Welt bis dahin geschwebt hat, meinen wir, unsere Rechte seien verletzt worden – wir reagieren mit Wut.

Das mag eine recht merkwürdige Analyse der Wut sein. Aber wenn wir dieses Gefühl in einige leicht zu untersuchende Komponenten zerlegen, werden wir sehen, daß die Vorstellung von „verweigerten Rechten" tatsächlich einen Großteil unseres Wutverhaltens erklärt. Ich glaube, daß diese Erklärung uns auch deutlich machen kann, auf welche Weise Wut unserem irdischen Tempel schaden kann.

DAS RECHT, ALLES AUF „MEINE ART" ZU MACHEN

Ein Pastor erzählte mir einmal, er bekäme jedesmal eine Gänsehaut, wenn er Frank Sinatras Evergreen „My Way" hörte. Er hatte persönlich überhaupt nichts gegen Herrn Sinatra. Es ist nur so, daß die Hauptaussage dieses Liedes – „Was ich auch tat, stets machte ich es auf *meine Art*" – treffend die Haltung zusammenfaßt, die so viele Patienten in meine Praxis führt.

Sehen Sie, eines jener „Rechte", das die meisten zu besitzen glauben, ist das Recht, so zu leben, wie es ihnen gefällt. Dieses vermeintliche Recht kann auf viele verschiedene Arten in Anspruch genommen werden. Manche Leute möchten ein ausschweifendes Leben führen und nichts über Gott und Sünde hören. Andere meinen hingegen, sie hätten das Recht, das Leben von Familienmitgliedern oder Mitarbeitern zu manipulieren. Solchen Einstellungen liegt jedoch die selbstsüchtige, sündhafte Natur des Menschen zugrunde. In einer Welt, wo „niemand eine Insel ist", muß jedoch einmal unweigerlich der Zeitpunkt kommen, an dem das Bestreben, alles auf „meine Art" zu machen, frontal mit irgend etwas oder irgend jemand zusammenstößt, der sagt: „Nein. Das geht nicht." Wenn das geschieht, nehmen Sie sich in acht! Die „Rechte" eines Menschen sind angetastet worden, und er wird es die Welt wissen lassen. Leider wird der Wutausbruch dieses Menschen seinen Verdauungstrakt erreichen, noch bevor er an das Ohr seiner Mitmenschen dringt.

Bernd kam vor einigen Jahren eines Tages in meine Praxis. Wenn es jemals einen Menschen gab, der stets seinen Kopf durchsetzen wollte, so war er es. Bei dieser Gelegenheit suchte er mich auf, weil er unter schleimigem Durchfall mit Blutbeimengungen litt, was gewöhnlich auf Dickdarmkatarrh hindeutet.

„Seit wann haben Sie diese Beschwerden?" fragte ich. Ich konnte sehen, wie Bernd innerlich langsam zu kochen begann: „Diese Frau, die ich geheiratet habe", ereiferte er sich. „Ich wollte doch nur einen kleinen Gemüsegarten anlegen, und sie wollte es mir nicht erlauben. Sie sagte, daß es den Wert unseres Grundstückes herabsetzen und den Anblick unseres Hauses ruinieren würde."

„Aber Bernd, Ihr Hof ist doch sowieso schon zu klein, wo wollten Sie denn diesen Garten anlegen?"

„Oh, ich dachte, ich lege ihn im *Vorgarten* an. Aber nein! Sie wollte es mir nicht erlauben!"

Offensichtlich ging es Bernd gar nicht um seinen merkwürdigen Plan, in seinem Vorgarten Tomaten und Bohnen anzubauen. Ihn erzürnte vielmehr die Tatsache, daß er etwas auf *seine Art* machen wollte und daß seine Frau dieses Recht antastete. Das Auftreten von Dickdarmgeschwüren wird oft durch solche Wut verursacht und aufrechterhalten, die Bernd empfand. Magengeschwüre sind eine noch häufigere Nebenerscheinung der Wut. Wenn der Körper über einen längeren Zeitraum hinweg einem Erregungszustand ausgesetzt wird, ergießt sich überschüssige Säure in den Magen, und lebendes Gewebe wird angegriffen. Die alte Redewendung „etwas nagt an ihm" ist viel zutreffender, als die meisten Menschen wissen.

DAS RECHT AUF BESITZ

Manche Menschen haben ihre Besitztümer zu Götzen gemacht. Sie beten ihre Häuser, ihre Autos und ihre Stereoanlagen an. Wehe dem Menschen, der versucht, ihre kostbaren Besitztümer anzutasten.

Im Gleichnis von dem unbarmherzigen Knecht lesen wir von einem Mann, der so an seinem Geld hing, daß er den Mitknecht wegen einer Schuld ins Gefängnis werfen ließ (Matthäus 18,21-35). Ganz offensichtlich hatte der unbarmherzige Knecht die Vorstellung, er habe ein Recht auf seine Besitztümer. Nichts und niemand durfte dieses Recht antasten. In seiner Haltung kam eine sündhafte Selbstsucht zum Ausdruck. In den Vereinigten Staaten wird die Meinung, wir hätten ein Recht auf Besitztümer, Mitte April besonders deutlich. Zu dem Zeitpunkt erfüllen wir die feierliche Pflicht, einen guten Anteil unseres Jahreseinkommens zusammenzupacken und es Vater Staat in Washington zu schicken. Es ist kein Zufall, daß gerade um diese Zeit Hausärzte eine ganze Reihe von Patienten mit erhöhtem Blutdruck zu behandeln haben. Leider hängen sich einige Menschen tatsächlich so an ihre irdischen Besitztümer – an „die Dinge, die die Motten und der Rost fressen" (Matthäus 6,19) –, daß sie ausgesprochen wütend werden, wenn man sie zwingt, sich von ihnen zu trennen. Wenn diese Menschen wüßten, wie schädlich ein erhöhter Blutdruck für sie ist, würden sie vielleicht nicht so schnell an die Decke gehen. Hoher Blutdruck führt dazu, daß die Muskel-„Schichten", die die Arterien umgeben, in einen beständigen, übermäßigen Spannungszustand versetzt werden. Als Folge davon verengen sich die Arterien, und die Blutzirkulation wird beeinträchtigt. Schließlich verdicken sich die Wände der Arterien, sie „hypertrophieren“, d.h. verengte Blutgefäße sind nunmehr ein Dauerzustand im Blutkreislauf.

Hoher Blutdruck über einen längeren Zeitraum hinweg kann auch dem Herzen schaden (da das Herz mit zu hohem Druck pumpt, neigen die Herzwände dazu, sich zu verdicken und zu vergrößern) und zu Nierenversagen führen (hoher Blutdruck reduziert die Durchblutung der Nieren, was zu ihrer fortschreitenden Schädigung und damit zur verminderten Entgiftung des Blutes führt).

DAS RECHT AUF GESUNDHEIT

Viele Menschen glauben, sie hätten ein Recht auf Gesundheit. Dieses Recht hat bei ihnen sogar Vorrang vor ihrem Gehorsam Gott gegenüber. Die Erfahrung einer jungen Christin, von der man mir berichtete, wird vielleicht helfen, diese Vorstellung zu verdeutlichen.

Denise arbeitet im Büro einer amerikanischen Hilfsorganisation, die Nahrung, Medizin und andere benötigte Güter in Staaten der dritten Welt sendet. Sie ist ein überzeugter Fitness-Fan. In ihrer Mittagspause macht sie Gymnastik, sie nimmt täglich ihre empfohlene Dosis von verschiedenen Vitaminen zu sich und läuft jeden Tag nach der Arbeit acht Kilometer.

Denise nahm wirklich großen Anteil an den Nöten der Bedürftigen in den Entwicklungsländern, aber es gehörte nicht zu ihrem Aufgabenbereich, die Orte selbst aufzusuchen, an die ihre Hilfsorganisation ihre Güter versandte. In gewisser Hinsicht war sie auch froh darüber. Denise glaubte nämlich, sie habe das unveräußerliche Recht, gesund zu bleiben. Für sie war ein gesunder Körper eines der wichtigsten Dinge, die ein Mensch überhaupt besitzen konnte. Schließlich ist der Körper der Tempel des Heiligen Geistes. Indem sie sich also von den unhygienischen Verhältnissen in afrikanischen und asiatischen Dörfern fernhielt, konnte Denise alles unter einen Hut bringen: Sie konnte Gott dienen – und dennoch gesund bleiben. Aber eines Tages geschah etwas Unerwartetes.

Ted arbeitete für dieselbe Hilfsorganisation wie Denise, und gewöhnlich war er es, der die Reiseaufträge der Organisation in Übersee ausführte. Aber als er kurz vor einer wichtigen Fahrt in die Dominikanische Republik an Grippe erkrankte, trat Denises Vorgesetzter mit der Bitte an sie heran, an seiner Stelle dorthin zu fahren.

„Das wird eine wichtige Erfahrung für Sie sein", meinte er.

„Eine wichtige Erfahrung?" jammerte sie innerlich. *„Womit – etwa mit Malaria? Ich möchte mein Recht auf Gesundheit nicht aufgeben, nur um eine 'Erfahrung' zu machen. Soll doch jemand anders gehen!"* Verzweifelt dachte sich Denise tausend Gründe aus, warum sie die Reise nicht antreten konnte: Der monatliche Abschlußbericht mußte erstellt werden, sie haßte das Fliegen, ein neuer Getränkeautomat sollte nächste Woche geliefert werden; als Büroleiterin sollte sie doch besser an Ort und Stelle sein, um seine Aufstellung zu überwachen.

Aber ihr Vorgesetzter ließ sich nicht umstimmen und versicherte ihr, daß er sich persönlich um die Ankunft der neuen Coca-Cola-Maschine kümmern würde. Jetzt war Denise wirklich wütend. Warum? Weil sie überzeugt war, ein Recht darauf zu haben, bei bester Gesundheit in den Vereinigten Staaten zu bleiben – wo Krankheitserreger, Schlangen und anderes Ungeziefer nicht annähernd so zahlreich waren wie anderswo.

„Gott", meinte sie wütend, „was geht hier vor? Ich habe ein *Recht* darauf, gesund zu bleiben. Die Fahrt in die Dominikanische Republik beeinträchtigt zweifellos dieses Recht. Warum ziehst du nicht einfach mein Visum zurück, und wir vergessen die ganze Sache?" Einige Tage später überwachte Denise trotz ihrer überzeugenden Einwände die Errichtung von Notunterkünften für Opfer eines Hurrikans in einem überfüllten, verschmutzten Stadtviertel. Welche Auswirkungen hatte Denises Wut auf ihren Körper? Nun, in Zeiten emotionaler Anspannung – wie sie durch Wut ausgelöst werden – wird die Sekretion der Eierstöcke auf vielfältige Weise beeinträchtigt. Denises innerer Aufruhr war so groß gewesen, daß ihre Periode sich über drei Wochen verspätete und dann überaus schmerzvoll einsetzte.

Als sie schließlich in die Vereinigten Staaten zurückkehrte, erkannte Denise, daß das, was sie erlebt hatte, eigentlich nur als Ironie des Schicksals zu beschreiben war. Ihre irrtümliche Annahme, sie habe ein Recht auf Gesundheit, verursachte die Wut, die dann ihre Gesundheit *beeinträchtigte.* Als sie schließlich die sündhafte Ursache ihrer Wut erkannte und ihr angebliches „Recht" auf Gesundheit aufgab, empfand sie ein wunderbares Gefühl der Befreiung und der Freude. Sie bestürmt bereits ihren Vorgesetzten, sie noch einmal auf eine Auslandsreise zu schicken.

GOTTES REZEPT GEGEN WUT

Im Laufe ihrer Krankheit lernte Denise eine wertvolle Lektion zur Bewältigung der Wut. Sie gab ihre Rechte auf und ließ es zu, daß Gott seinen Willen in ihrem Leben verwirklichen konnte. Sehen Sie, wenn es stimmt, daß unsere „Rechte" eine der hauptsächlichen Ursachen der Wut sind, müssen wir als wichtigen Schritt zur Überwindung dieses Gefühls anerkennen, daß diesen „Rechten" eigentlich unsere Selbstsucht zugrundeliegt. Aber wie gehen wir vor, wenn wir unsere Rechte aufgeben wollen? Wie können wir Gottes Rezept gegen Wut anwenden?

Wenn wir gewillt sind, Wut in erster Linie als Ausdruck eines geistlichen Problems zu sehen, müssen wir als ersten wichtigen Schritt das Joch Christi auf uns nehmen (Matthäus 11,30). Was bedeutet das? In erster Linie setzt es voraus, daß wir uns selbst freiwillig Gottes Fürsorge und Macht unterstellen. Ebenso wie ein Ochse in ein Joch eingespannt wird, damit seine Kraft gelenkt werden kann und er so seine Arbeit besser ausführt, werden auch wir durch das Annehmen des göttlichen Jochs davor bewahrt, unsere Energien durch Wut auf für uns schädliche Weise zu vergeuden. Jesus versichert uns, daß sein Joch – im Gegensatz zu dem Joch der Wut – unendlich leicht ist (Matthäus 11,29). Darüber hinaus verheißt er all denen, die sein Rezept befolgen, ein erfülltes Leben – und dies im Überfluß (Johannes 10,10). Diese Verheißung sollten wir in Anspruch nehmen, denn die Beibehaltung und Verteidigung unserer angeblichen „Rechte" ist doch nur mit unsagbar hohen Kosten verbunden; wir bezahlen den Preis für unsere Ichbezogenheit mit Magengeschwüren, Dickdarmkatarrh und hohem Blutdruck.

Wenn wir das göttliche Rezept gegen Wut anwenden wollen, so ist die Aufgabe unserer Rechte der Schlüssel dazu. Aber sein Rezept beinhaltet noch mehr. Wenn Menschen an ein Rezept denken, stellen sie sich eine Pille vor, die sie einmal schlucken und die ihnen dann sofort Erleichterung bringt. Aber ein Rezept kann auch verschiedene Formen der Therapie für einen Patienten vorschreiben. So ist es auch bei Gottes Rezept gegen die Wut. Er hat verschiedene therapeutische Übungen, denen wir uns unterziehen müssen.

ANDEREN VERGEBEN

Jennifer konnte schon seit einigen Tagen keine Nahrung mehr bei sich behalten. Jedesmal, wenn sie etwas zu sich nahm, mußte sie sich kurz darauf übergeben. Ich stellte ihr einige kurze Fragen und fand heraus, daß sie sehr wütend auf ihre Schwester war. Beide führten zu Hause Näharbeiten aus, und Jennifer hatte vor kurzem herausgefunden, daß ihre Schwester falsche Gerüchte über die Qualität ihrer Arbeit in Umlauf gesetzt hatte.

Zunächst mögen Sie jetzt denken, daß Jennifer völlig im Recht war, so wütend auf ihre Schwester zu sein; schließlich verbreitete diese ja Lügen über sie. Aber zu meiner Überraschung sagte Jennifer mir, daß sie sich eigentlich mehr darüber aufgeregt hatte, daß diese Verleumdung ihr *Einkommen* beeinträchtigt hatte. In der Annahme, Jennifers Arbeiten seien von minderwertiger Qualität, gaben ihr die Kunden keine Aufträge mehr. Daraufhin waren die körperlichen Auswirkungen von Jennifers Wut zutage getreten. Der Aufruhr der Gefühle hatte Nervenimpulse ausgesandt, die die Muskeln am Magenausgang verengten. Als Folge davon konnte die Nahrung, die sie zu sich nahm, nicht in den Darm gelangen, und sie mußte sie wieder von sich geben.

Wenn Jennifer Gottes Rezept für ihre Gesundheit annehmen will, muß sie zunächst ihr Recht auf ein regelmäßiges Einkommen aufgeben. Sie muß erkennen, daß die Versöhnung mit ihrer Schwester wichtiger ist als Geld. Wenn sie sich weigert, dies zu tun, werden sich ihre Verdauungsbeschwerden nur noch verschlimmern.

Der nächste Schritt in Jennifers Heilungsprozeß setzt ihre Bereitschaft voraus, ihrer Schwester zu *vergeben.* Paulus bezeichnet die Vergebung als ein Kennzeichen echter Liebe: „Seid aber gegeneinander freundlich, barmherzig, vergebet einander, gleichwie auch Gott in Christus euch vergeben hat“ (Epheser 4,32).

Vielleicht erheben Sie jetzt den Einwand: „Aber das bezieht sich nicht auf eine Situation, wo ein anderer Mensch *mir* Unrecht getan hat.“ Leider ist es doch so:

„Streitet nicht miteinander, und seid bereit, einander zu vergeben, selbst wenn ihr glaubt, im Recht zu sein. Denn auch Christus hat euch vergeben“ (Kolosser 3,13; H.f.a.).

In diesen beiden Versen stellt Paulus einen interessanten Vergleich an. Er sagt, daß wir einander vergeben sollen, weil Christus zuerst *uns* vergab. Aber wie sollen wir vergeben? Da Christus unser Vorbild ist, sollen wir *völlig* vergeben. Das bedeutet, daß es nicht auf unser eigenes Mitleid oder unsere eigene Großzügigkeit ankommt, wenn wir anderen vergeben, sondern wir verlassen uns auf Gottes unbegrenzten Reichtum an Gnade. Um sein göttliches Rezept anzunehmen, müssen wir uns nur an Gott wenden und ihn bitten, daß er uns gibt, was wir brauchen. Machen Sie sich keine Sorgen darüber, wie Sie dieses Rezept bezahlen sollen. Es ist kostenlos; wir müssen es nur annehmen.

Ich bin mir völlig darüber im klaren, daß es nicht immer leicht ist, anderen zu vergeben. Ich habe gesehen, wie die menschliche Unfähigkeit zur Vergebung die extremsten Formen annehmen kann. In den acht Jahren, die ich im Missionshospital von Soddo in Äthiopien arbeitete, entdeckte ich strohgedeckte Hütten, die von keiner Familie bewohnt wurden. Vielmehr wurden viele ganz bewußt unbewohnt gelassen. Nachts hielten die Dorfbewohner abwechselnd Wache und warteten auf Diebe, die sie durch kaum wahrnehmbare Gucklöcher in der Hütte entdecken wollten. Wenn ein Dieb gefangen wurde, brachen die Dorfbewohner dem Schuldigen die Ober- und Unterarme und die Ober- und Unterschenkel. Innerhalb einer Woche behandelte ich achtunddreißig Diebe, denen diese unbarmherzige Form der Gerechtigkeit zuteil geworden war.

Jesus sagte uns: „Liebet eure Feinde... und bittet für die, so euch beleidigen und verfolgen" (Mattäus 5, 44). Mit diesen Worten stellte unser Herr die Grundlage der Vergebung dar. Er schlug dabei nicht vor, daß wir die Vergebung lediglich ausprobieren sollen, wenn uns danach zumute ist. Er *befahl* uns zu vergeben, selbst wenn uns das schwerfällt.

Paulus fügt diesem Rezept noch eine weitere Anweisung hinzu. Wir sollen einander *rasch* vergeben. „Laßt die Sonne nicht untergehen, ohne daß ihr euch vergeben habt" (Epheser 4,26; H.f.a.), schreibt er – und das mit gutem Grund. Wenn sich unser Körper längere Zeit in einem Erregungszustand befindet, erhöht sich die Menge an Hormonen, die von unserer Hirnanhangdrüse, der Nebennierenrinde, der Schilddrüse und anderen Drüsen abgegeben werden – ein Überschuß dieser Hormone kann in jedem Teil des Körpers Krankheiten hervorrufen. Daher ist es im Hinblick auf unser körperliches Wohlbefinden in unserem eigenen Interesse, daß wir unsere Wut so bald wie möglich aufgeben.

UNRECHT ERTRAGEN

Nun kann ich mir vorstellen, daß viele von Ihnen den Kopf schütteln und sagen: „Was meinen Sie damit? Wenn jemand mich schlecht behandelt oder Lügen über mich verbreitet oder mich betrügt, dann soll ich nicht wütend werden?" Nun, hier müssen wir zwei Dinge unterscheiden.

Natürlich reagieren wir auf eine Verletzung unserer Rechte zunächst mit Wut – aber die Schrift macht deutlich, daß die Art und Weise, wie wir mit diesem Gefühl *umgehen*, entscheidend dafür ist, ob wir Schaden erleiden oder nicht. „Zürnet ihr", sagt uns der Psalmist, „so sündiget nicht" (Psalm 4,5; Luther). Gott erwartet also nicht von uns, daß wir gefühllose Automaten sind. Er weiß, daß wir lebendige Geschöpfe und Sünder sind und daß die Wut Teil unserer gefühlsmäßigen Veranlagung ist. Aber sein Wort sagt uns, daß wir es nicht zulassen dürfen, daß diese Wut außer Kontrolle gerät und unsere Verhaltensweise negativ beeinflußt.

Wie sollen wir uns also verhalten?

Wie wir bereits gesehen haben, trägt die Bereitschaft, unsere Rechte aufzugeben und anderen zu vergeben, ganz zweifellos dazu bei, daß unsere Wut nicht zum auslösenden Faktor körperlicher Krankheit wird. Aber es gibt noch ein weiteres wertvolles Rezept gegen Wut, das wir kennen sollten: die Fähigkeit, erlittenes Unrecht hinzunehmen, anstatt nach Rache zu trachten. Paulus stellt dieses Prinzip im 1. Korintherbrief dar: Wenn wir den Eindruck haben, daß unsere Rechte verletzt worden sind, „warum lasset ihr euch nicht lieber Unrecht tun? Warum lasset ihr euch nicht lieber übervorteilen?" (1.Korinther 6,7). In seinem ersten Brief betont Petrus genau dasselbe: „Denn das ist Gnade, wenn jemand... Kränkungen erträgt, indem er Unrecht leidet" (1. Petrus 2,19).

Diese Anweisung gilt in besonderem Maße dann, wenn wir glauben, unser Recht auf Besitztümer sei verletzt worden. Als Sohn von Missionaren, die im medizinischen Bereich tätig waren, verbrachte ich neun Jahre meiner Jugend im Orient. Einmal verlebte unsere Familie einen Sommerurlaub an einem Badeort an der Nordküste Chinas. Der Bungalow, den wir gemietet hatten, war nicht weit vom Strand entfernt, und wir hatten Zugang zu einer wunderbaren, seichten Bucht. Während unseres Aufenthaltes dort kaufte mein Vater ein zwei Meter langes Paddelboot, mit dem wir uns vergnügen sollten. Als wir das Boot kauften, machte es einen tadellosen Eindruck und wies keinerlei sichtbare Mängel auf. Sobald wir das Boot zu unserem Bungalow gebracht hatten, liefen mein Bruder und ich zur Bucht hinunter und wollten gleich lospaddeln. Ich kann mich noch gut daran erinnern, daß das Boot auf mich einen prächtigen Eindruck machte, als wäre es die Titanic bei ihrer Schiffstaufe. Dieser Vergleich erwies sich als recht zutreffend, denn nachdem wir zehn Minuten gepaddelt waren, hatte der Boden des Bootes siebzehn Löcher. Kurz nacheinander versanken mein Bruder und ich und unser neues Paddelboot langsam im blauen Pazifik.

Mein Vater, der diese kleine Katastrophe vom Ufer aus beobachtete, war natürlich wütend auf den Kaufmann, der ihm dieses minderwertige Produkt verkauft hatte. Er hatte nun einige Entscheidungen zu treffen. Die wichtigste davon war, ob er den Kaufmann vor Gericht bringen und es ihm heimzahlen wollte. Mir persönlich war eher nach Rache zumute, als ich mein Paddelboot halb untergetaucht in dieser chinesischen Bucht treiben sah. Aber mein Vater tat etwas Interessantes. Er fischte das löchrige Paddelboot heraus und tauschte es gegen ein anderes um – ohne auch nur ein einziges unfreundliches Wort an den Kaufmann zu richten. Obwohl er völlig zu Recht über diese Situation hätte wütend sein können, ließ es mein Vater nicht zu, daß ihn seine Wut zur Sünde verführte. Vielmehr ertrug er das Unrecht, nahm den Verlust auf sich und hielt nach einer annehmbaren Lösung Ausschau. Der scharfsichtige Leser wird jetzt wissen, warum mein Vater niemals unter einem Magengeschwür litt.

Sechzehn Jahre später hatte ich Gelegenheit, meine eigene Einstellung gegenüber erlittenem Unrecht zu erproben. In einem Sommer arbeitete ich sechs Wochen lang zehn bis zwölf Stunden täglich, sechs Tage in der Woche, auf verschiedenen Bauplätzen. Ich hoffte, damit genug Geld zu verdienen, um die Studiengebühren für mein zweites Jahr der medizinischen Ausbildung zu bezahlen und genug Geld zu sparen, um das Mädchen, das ich im College lieben gelernt hatte, heiraten zu können. Der Bauunternehmer hatte uns Arbeitern versprochen, wir würden alle unseren Lohn in Form einer einmaligen Bezahlung am Ende des Sommers erhalten. Diese Bezahlung erhielten wir jedoch niemals – Mitte August meldete der Bauunternehmer Konkurs an. Ich mußte feststellen, daß einige Erfahrungen im Baugewerbe und ein gestählter Charakter der einzige Lohn für diese sechs Wochen Arbeit sein würde. Zugegeben, Erfahrungen und ein gestählter Charakter sind etwas Großartiges, aber zum damaligen Zeitpunkt war ich über die Unehrlichkeit meines Arbeitgebers zutiefst erschüttert.

Einige meiner Mitarbeiter entschlossen sich, gemeinsam soviel wie möglich vom persönlichen Eigentum und der Ausrüstung des Arbeitgebers an sich zu nehmen, um sich damit für den vorenthaltenen Lohn zu entschädigen. Sie fragten mich, ob ich mich ihnen anschließen wollte. Einen Augenblick lang zögerte ich. Ich war wütend – sogar *sehr* wütend –, und meine Rechte waren verletzt worden. Aber dann sah ich in Gedanken das löchrige Paddelboot vor mir. In diesem Augenblick wußte ich, was ich zu tun hatte. Ich dankte meinen Freunden für ihre Anteilnahme, aber ich persönlich wollte das Unrecht ertragen.

Es war nicht Naivität, die mich veranlaßte, auf die Zuhilfenahme legaler Mittel zu verzichten. Ich wußte einfach, daß die ursprüngliche Wut, die ich über diese Situation empfand, durch einen Gerichtsprozeß nur noch mehr Nahrung bekommen würde. Wenn ich mich auf einen Gerichtsprozeß einließ, würde ich darüber nachgrübeln, wie ungerecht ich behandelt worden war, und mein Zorn würde nur noch größer werden. Daher gab ich mein Recht auf das mir zustehende Geld auf, vergab dem Bauunternehmer und ertrug das Unrecht. Ich überließ die ganze Sache Gott und brauchte mich niemals wegen meiner Wut in medizinische Behandlung zu begeben.

Ich mußte nur Gottes Rezept gegen sie anwenden. Als ich meine medizinische Ausbildung fortsetzte, wurde mir schließlich auch das dafür benötigte Geld durch die Fürsorge des Herrn zuteil.

EIN BESSERER WEG

Ich bin mir im klaren darüber, daß man über das Thema der Wut noch sehr viel schreiben könnte. Wahrscheinlich sind eine ganze Reihe von Dingen in diesem einen kurzen Kapitel nicht angesprochen worden. Das Thema des „gerechten Zorns" zum Beispiel fasziniert mich. Viele Menschen lesen, daß Jesus die Händler aus dem Tempel hinausjagte, und schließen daraus: „Nun, wenn Jesus wütend werden konnte, warum kann ich es dann nicht? Beweist das nicht, daß die Wut ein Gefühl ist, das man nicht verurteilen sollte?"

Natürlich besteht im Hinblick auf die Motivation, die der Wut zugrundeliegt, ein gewaltiger Unterschied zwischen dem Sohn Gottes und dem Menschen. Ich glaube, Jakobus ist es gelungen, eine grundlegende Antwort auf die Frage zu geben, ob wir jemals mit gutem Grund wütend sein können. Selbst in Fällen, bei denen wir annehmen, daß unsere Empörung gerechtfertigt ist, gilt: „Denn im Zorn tun wir niemals, was Gott gefällt" (Jakobus 1,20; H.f.a.).

Nein, die Wut gehört nicht zu einem Gott wohlgefälligen Lebensstil. Sie bringt nur noch mehr Wut hervor und kann auch, wie wir bereits gesehen haben, eine wichtige Ursache für eine Reihe körperlicher Beschwerden sein.

Booker T. Washington, der große Erzieher, litt sein Leben lang unter der Rassendiskriminierung. Wenn irgend jemand jemals ein „Recht" darauf hatte, auf Menschen oder Umstände wütend zu sein, dann war er es. Und doch sagte Washington:

„Ich werde es nicht zulassen, daß irgendein Mensch meine Seele auf die Ebene des Hasses herabzieht." Sollten wir nicht dieselbe Haltung einnehmen? Sollten wir nicht bereit sein, Gottes Rezept gegen Wut anzuwenden?

4 Sorgen, Sorgen, Sorgen

Jeder Mensch macht sich über irgend etwas Sorgen. Wie steht es mit Ihnen? Machen Sie sich Sorgen über Ihre Finanzen? Fragen Sie sich besorgt, ob Sie in der Lage sein werden, diesen Monat die Rate für Ihr neues Auto zu bezahlen? Oder fürchten Sie, daß Ihnen jene wichtigen Fähigkeiten fehlen, um als Ehemann, Mutter, Student oder Pastor erfolgreich zu sein? Vielleicht haben Sie Angst vor dem Unbekannten? Mir geht es jedenfalls oft so.

Als Gott mich als Teenager dazu berief, mein Leben der Arbeit als Missionsarzt zu widmen, war ich voller Furcht, wohin er mich schließlich senden würde. Ich hatte Angst, ich könnte an irgendeinem schrecklichen Ort enden, wo ich mir Lepra, Tuberkulose oder Typhus zuziehen würde. Ich befürchtete, ich könnte niemals eine Frau finden, die bereit wäre, ein solch beschwerliches Leben in Übersee auf sich zu nehmen. All diese Ängste waren echt, und in allen kam Furcht vor dem Unbekannten zum Ausdruck.

Diese Ängste – und noch viele andere – kennen die meisten Menschen. Man könnte sie sogar als „normal" bezeichnen. Aber es gibt auch eine Klasse von Ängsten, die etwas ausgefallener sind. Sie sind sogar so ungewöhnlich, daß die Psychologen sich einige ebenso ungewöhnliche Namen für sie ausgedacht haben. Hier ist eine Zusammenstellung einiger bizarrer Ängste, die im menschlichen Herzen wohnen:

* Bacillophobia	–	die Angst vor Bakterien
* Ballistophobia	–	Angst vor Geschossen
* Belonephobia	–	Angst vor Nadeln und scharfen, spitzen Gegenständen
* Gephyrophobia	–	die Angst, Brücken zu überqueren
* Taphephobia	–	die Angst, lebendig begraben zu werden
* Trichophobia	–	die Angst vor Haaren

Natürlich sind Ängste in *manchen Fällen* recht nützlich. Die meisten von uns leiden zum Beispiel unter einer milden Form der Apiphobia, der Furcht vor Bienen. Oder laufen wir etwa hinter Bienen her und versuchen, sie zu reizen, damit sie uns stechen? Im großen und ganzen ist unsere Furcht vor Bienen eine recht gesunde Angelegenheit. Ähnlich argumentiert auch der Autor C. Neil Strait, wenn er schreibt: „Nicht alle Ängste sind negativ zu beurteilen. Viele von ihnen sind gesund, ja, sogar lebensnotwendig. Die Furcht Gottes, die Furcht vor dem Feuer und die Furcht vor der Elektrizität sind lebensrettende Ängste, die, wenn man sie beachtet, einen wichtigen Bestandteil der Lebenserfahrung darstellen."

Ebenso sagt uns die Schrift:

Der Weisheit Anfang ist die Furcht des Herrn (Sprüche 9,10).

Die Furcht des Herrn dient zum Leben (Sprüche 19,23).

Es wäre schön, wenn unsere Ängste in unserem Leben nur die Rolle spielten, die Herr Strait und der Verfasser der Sprüche ihnen zuschreiben. Wir wären wahrscheinlich auf lange Sicht alle gesünder, wohlhabender und weiser. Leider haben Ängste die Angewohnheit, sich zu nicht mehr zu zähmenden Ungeheuern zu entwickeln. Sie können schreckliche Ausmaße annehmen und sich verselbständigen. Es kann sogar so weit kommen, daß sie unsere Persönlichkeit *beherrschen.*

Was unterscheidet das normale und natürliche Bedürfnis, einer Kugel aus dem Wege zu gehen, von einem Fall von Ballistophobia (Furcht vor Geschossen)? Der Unterschied liegt darin, daß der an Ballistophobia Leidende von der irrationalen Furcht beherrscht wird, die ihm einredet, er werde eines Tages durch ein Geschoß getötet werden. Seine Fähigkeit, sich frei in der Öffentlichkeit zu bewegen, wird durch die alles überlagernde Angst behindert, eines Tages könnte ein Fremder aus der Menge auftauchen und ihn erschießen.

Zugegeben, das ist eine sehr extreme Phobie. Aber lassen es nicht viele von uns zu, daß unsere täglichen Aktivitäten auf die eine oder andere Weise durch Furcht beeinträchtigt werden? Kehren wir einen Augenblick zu den „normalen" Ängsten zurück, die wir bereits erwähnten. Ich kannte einen Mann, der sich über seine Finanzen so viele Sorgen machte, daß er jede Woche *stundenlang* einen Finanzplan für seine Familie aufstellte und immer wieder durchging. Er listete sein Einkommen auf, dann bereits bekannte Ausgaben, geplante Ausgaben und voraussehbare Ausgaben. Ausgehend von dieser Liste, stellte er komplizierte Pläne auf, um sicherzustellen, daß ihm am Ende des Monats noch genug Geld zur Verfügung stand („finanzieller Zeitplan", wie er es nannte), um seine Rechnungen zu bezahlen.

Die übermäßige Beschäftigung dieses Mannes mit Finanzplänen ging weit über den normalen Wunsch hinaus, ein guter Verwalter seiner finanziellen Mittel zu sein. Tatsächlich ließ er es zu, daß die Furcht vor mangelnden finanziellen Mitteln sein Leben beherrschte und beeinflußte.

Was bedeutet all dies? Ich bin überzeugt, daß die Ursache für unsere

Furcht – geistlich gesehen – oft darin begründet ist, daß wir es Gott nicht zutrauen, daß er für uns sorgt. Natürlich gehört die „Sorge", ob unsere Lieblingsmannschaft es bis ins Endspiel schaffen wird, nicht in diese Kategorie; *nicht alle* Ängste sind notwendigerweise geistlich begründet. Aber wenn wir es zulassen, daß unser Verhalten in starkem Maße durch Ängste beeinflußt wird, liegt es in vielen Fällen daran, daß wir Gottes Verheißung anzweifeln. Er kann „alle eure Bedürfnisse nach seinem Reichtum in Herrlichkeit, in Christus Jesus befriedigen" (Philipper 4,19). Wenn wir dieser Aussage wirklich Glauben schenken, brauchen wir uns „um nichts zu sorgen" (Philipper 4,6). Wir brauchen im Hinblick auf unsere Finanzen, unsere Fähigkeiten oder das Unbekannte keine Ängste mehr zu hegen.

Der Ursprung der Furcht ist also oft ein geistliches Problem. Die Schrift bestätigt an vielen Stellen diese Ansicht. Paulus stellt fest:

Denn Gott hat uns nicht einen Geist der Furchtsamkeit gegeben (2. Timotheus 1,7).

Denn ihr habt nicht einen Geist der Knechtschaft empfangen, daß ihr euch abermals fürchten müßtet... (Römer 8,15).

Der Gebrauch des Wortes *Geist* in diesen Versen ist deshalb bedeutsam, weil er auf den Ursprung der Furcht hindeutet. Furcht wird in unserer Seele geboren – und von dort breitet sie sich aus.

WENN DIE FURCHT UNS ÜBERFÄLLT

Haben Sie jemals einen Gruselfilm gesehen, in dem es von Ungeheuern und schaurigen Gestalten nur so wimmelte? Können Sie sich noch an die Angst erinnern, die Sie überfiel, als Sie beobachteten, wie der Held oder die Heldin unwissend genau in das Zimmer hineinkam, in dem das Monster lauerte? Können Sie sich auch daran erinnern, daß in jenem Augenblick Ihre Handflächen feucht wurden, Ihr Herz schneller zu schlagen begann und Ihnen der Mund trocken wurde?

All diese Empfindungen waren schwache körperliche Reaktionen auf ein schwaches Angsterlebnis. Offensichtlich stellten die verschwitzten Handflächen für Sie kein schwerwiegendes körperliches Problem dar; diese Reaktion entsprach dem Ausmaß an Furcht, das Sie empfanden, das im Grunde genommen bedeutungslos und nicht bedrohlich war.

Aber was würde mit Ihrem Körper geschehen, wenn Sorge, Furcht oder Beklemmung in Ihrem Leben großen Raum einnähmen? Was wäre, wenn Sie monatelang ununterbrochen von Furcht geplagt wären? Was wäre, wenn Sie nicht in der Lage wären, den „Geist der Furcht" abzuschütteln? Ihr Körper würde immer stärker auf die Furcht reagieren. Wenn Ihre Furcht das Ergebnis eines mangelnden Vertrauens in Gott wäre, so könnte man auch medizinisch belegen, daß auch in diesem Fall eine Verbindung zwischen dem geistlichen Gesundheitszustand und dem körperlichen Wohlbefinden besteht.

Wenn wir unser „Vertrauen auf ihn setzen" (Hebräer 2, 13) und glauben, daß er alle unsere Bedürfnisse erfüllen kann, wird die Furcht in unserem Geist keinen Raum mehr einnehmen können. Aber wenn unser Leben tatsächlich von Furcht bestimmt ist, sollten wir nicht überrascht sein, wenn wir von vielen körperlichen Beschwerden befallen werden.

EINIGE FALLSTUDIEN ZUM THEMA FURCHT

Heute zählt die J.C. Penney-Kaufhauskette zu den erfolgreichsten in den Vereinigten Staaten. Selbst nach dem Börsenkrach im Jahre 1929 machte Penney weiterhin ein gutes Geschäft. Aber nur wenige wissen, daß in jener schweren Zeit der Wirtschaftsdepression der Gründer dieser Kaufhauskette, James C. Penney, in großen Schwierigkeiten war, weil er unklugerweise eine Reihe von persönlichen Verbindlichkeiten eingegangen war. Seine Sorge, diese Verbindlichkeiten nicht begleichen zu können, war so groß, daß er oft unter Schlaflosigkeit litt. Schließlich reagierte sein Körper auf diese beständige Furcht mit noch größeren Beschwerden: Er bekam Herpes Zoster – in seinem Fall eine durch Angst ausgelöste Virusentzündung der sensorischen Ganglien der spinalen und kranialen Nerven. Diese Krankheit, besser bekannt unter dem Namen Gürtelrose, verursacht schmerzhafte Hautausschläge. Penneys Krankheit war das unmittelbare Resultat seiner übermäßigen Furcht und Sorge.

Auch Spannungskopfschmerzen können durch Furcht verursacht werden. Wenn Sie Ihre Faust einige Minuten lang zusammenballen, werden Sie bald bemerken, daß verkrampfte Muskeln Schmerz hervorrufen. Wenn jemand unter chronischen Sorgen oder Ängsten leidet, verkrampfen sich seine Nackenmuskeln auf ähnliche Weise. Besonders quälende Kopfschmerzen sind das Resultat.

In seinem klassischen Werk *Die Änäis* schrieb der römische Dichter Vergil:

„Ich war vor Furcht betäubt; mir standen die Haare zu Berge, und meine Stimme blieb mir in der Kehle stecken."

Hier liefert Vergil eine sehr genaue Beschreibung von weiteren Auswirkungen der Furcht. Wenn unser Körper dem Einfluß der Angst ausgesetzt wird, sendet unser Gehirn blitzschnelle Alarmbotschaften an alle Teile unseres Körpers. Unser Herzschlag und unsere Atmung werden beschleunigt, und unser Blutdruck steigt. Als weitere Auswirkung dieser Alarmreaktion verengen sich unsere Haarfollikel, was tatsächlich dazu führt, daß uns die Haare zu Berge stehen – genau wie Vergil es beschrieb!

Was die Beobachtung des Dichters betrifft, die „Stimme bliebe in seiner Kehle stecken", so ist dazu zu bemerken, daß die durch Furcht ausgelöste Alarmreaktion des Körpers auch die Sekretion unserer Speicheldrüsen beeinträchtigt. Es fühlt sich tatsächlich ähnlich an, als bliebe die Stimme in der Kehle stecken, wenn der Mund austrocknet. Vielleicht ist das der Grund, weshalb man einem nervösen Redner ein Glas Wasser auf das Rednerpult stellt – es soll die durch Furcht hervorgerufene mangelnde Speichelproduktion ausgleichen.

Das letzte Beispiel für die körperlichen Auswirkungen der Furcht ist wahrscheinlich besonders interessant. In einem Zeitraum von nur wenigen Monaten hatte sich Heathers Leben auf tragische Weise verändert. Ihre heranwachsende Tochter war von zu Hause fortgelaufen, und ihr Ehemann hatte sie verlassen. Zu diesem Kummer kam noch hinzu, daß Heather sich nun auch noch Sorgen über ihre Zukunft machte. Wie sollte sie es alleine schaffen? Wie sollte sie die Rechnungen bezahlen? Wo würde sie Arbeit finden?

„Mein Magen verkrampft sich, und ich habe brennende Schmerzen", sagte sie mir, als sie ihre Symptome beschrieb. „Diese Schmerzen sind beinahe so schlimm wie die Schmerzen bei der Geburt meiner Tochter. Nachts werde ich so von meinen schrecklichen Ängsten geplagt, daß ich einfach wachliege und zittere. Früher habe ich mich auf den Schlaf gefreut – aber jetzt fürchte ich die Nacht."

Der Magen und der Verdauungstrakt werden sehr häufig beeinträchtigt, wenn ein Mensch sich – wie in Heathers Fall – solch übermäßige Sorgen macht. Auch Schlaflosigkeit ist ein typisches Symptom übermäßiger Sorge, da das Adrenalin, das in solchen Zeiten der Erregung ausgeschüttet wird, verhindert, daß der Körper sich entspannen kann. Am interessantesten war jedoch an Heathers Fall, daß er genau dem entsprach, was Gott selbst über die körperlichen Auswirkungen der Furcht gesagt hatte. Als sie ihre Symptome beschrieb, wußte ich, daß ich genau dieselben Worte schon einmal gehört hatte – wenn auch nicht von einem anderen Patienten.

Im Buch Jesaja beschreibt der Prophet die körperlichen Reaktionen eines Menschen, der von Furcht ergriffen ist. Es ist erstaunlich, wie genau

Jesajas und Heathers Symptome übereinstimmen:

„Darum sind meine Lenden voll Schmerzen, und Angst hat mich ergriffen, wie eine Gebärende... Mein Herz zittert, Grauen hat mich erschreckt; auch am Abend, der mir so lieb ist, habe ich keine Ruhe" (Jesaja 21, 3-4; Luther).

Beim Lesen dieses Verses war ich erstaunt, wie genau die Worte Jesajas den Zustand meiner Patientin wiedergaben. Aber ebenso rasch legte sich meine Verwunderung wieder. Ich erkannte, daß es eigentlich gar keinen Grund gab, über diese Erkenntnis erstaunt zu sein. Schließlich kann ja Furcht körperliche Beschwerden hervorrufen. Warum also sollte keine Übereinstimmung zwischen den Symptomen besorgter, angsterfüllter Menschen bestehen – selbst wenn die Ereignisse, die diese Ängste auslösten, Tausende von Jahren auseinanderlagen?

GOTTES REZEPT GEGEN FURCHT

Als ich das letzte Mal J. C. Penney erwähnte, litt er, wie Sie sich erinnern, an schmerzvollen Hautausschlägen. Schließlich wurde Penney an einem bestimmten Punkt in seinem Krankheitsprozeß von seinen Ängsten und Sorgen derart überwältigt, daß er überzeugt war, daß er sterben werde. Er schrieb sogar Abschiedsbriefe an seine Familie, so sicher war er, daß er keinen weiteren Tag mehr zu leben hatte.

Am nächsten Morgen jedoch lebte Penney immer noch. Er wurde durch den Gesang in einer Krankenhauskapelle geweckt. Er erkannte sogar den Namen des Liedes. Er lautete: „Gott sorgt für dich." Penney erinnerte sich später:

„Plötzlich geschah etwas. Ich kann es nicht erklären, ich kann es nur als ein Wunder bezeichnen. Ich fühlte mich, als hätte mich jemand von einem Augenblick zum anderen aus der Dunkelheit eines Kerkers in den warmen, strahlenden Sonnenschein hinaufgebracht. Ich fühlte mich, als sei ich von der Hölle in das Paradies gekommen. Ich empfand die Macht Gottes wie noch niemals zuvor... Ich wußte, daß Gott mit seiner Liebe gegenwärtig war, um mir zu helfen. Von jenem Tag an bis heute ist mein Leben frei von der Sorge" (Zitat aus: Dale Carnegie; „How to Stop Worrying and Start Living"; Simon and Schuster, S. 253-254).

Der Schlüssel zu Penneys erstaunlicher Entdeckung war, mit einem Wort gesagt, der Glaube. Er erkannte, daß Gottes Gnade seine Ängste überwinden konnte (2. Korinther 12, 9). Daher setzte er sein Vertrauen auf Gott. Indem er seine Ängste dem Einen übergab, der völlig in der Lage war, angemessen mit ihnen umzugehen, verbesserte sich Penneys Gesundheitszustand auf erstaunliche Weise.

DER GLAUBENSFAKTOR

Viele von uns kennen die Erläuterung des Glaubensbegriffes in Hebräer 11. Diese Schriftstelle definiert den Glauben als „die feste Gewißheit, daß sich erfüllt, was Gott versprochen hat; er ist die tiefe Überzeugung, daß die unsichtbare Welt Gottes Wirklichkeit ist, auch wenn wir sie noch nicht sehen können" (Kapitel 11,1; H.f.a.). Diesem fundamentalen Verständnis des Glaubensbegriffes können noch einige weitere Kennzeichen hinzufügt werden.

Der Glaube ist nach einer weiteren Definition eine Haltung, in der wir uns mit unserer gesamten Persönlichkeit in uneingeschränktem Vertrauen und Zuversicht auf Gott verlassen. Da Gott mächtig, weise und gütig ist, können wir unser Vertrauen auf ihn setzen. Diese Gewißheit gibt uns angesichts von Furcht, Beklemmung und Sorge Kraft.

Diese Auffassung des Glaubens setzt gewisse Grundeinstellungen voraus. Zunächst einmal müssen wir gewillt sein, Gott den völligen und absoluten Besitzanspruch auf unser Leben zu übertragen. Wenn er allein in der Lage ist, unsere Bedürfnisse zu stillen, dann verdient auch er allein unseren uneingeschränkten Gehorsam, unseren rückhaltlosen Dienst und unser völliges Vertrauen. Wenn wir anerkennen, daß Gott größer ist als unsere Ängste, können wir Gottes Gegenwart, Verheißungen, Schutz, Macht und Fürsorge erleben.

Wenn wir zweitens Gottes Rezept gegen Furcht annehmen, können wir sogar die beklemmendsten Augenblicke unseres Lebens überstehen – und kein Augenblick ist wohl beklemmender als der, in dem Gott in unserer Krise merkwürdigerweise zu schweigen scheint.

Viele Wochen lang hatte Larry auf die Mitteilung gewartet, ob er die Stelle bei einer angesehenen Werbefirma bekommen hatte. Er wußte, daß er die richtige Qualifikation für diese Stellung besaß und daß die Firma an ihm Interesse hatte. Aber der Personalchef hatte ihm gesagt, daß die Firma verpflichtet war, auch noch mit einigen anderen Kandidaten zu sprechen, bevor sie eine endgültige Entscheidung treffen konnte.

Larry betete unaufhörlich über den Ausgang dieser Sache. Wenn es nicht Gottes Wille war, daß er diese Stelle bekam, dann war es auch das Beste – das jedenfalls versuchte sich Larry einzureden. In Wahrheit jedoch geriet Larry in immer größere Verzweiflung über seine Lage. Im Laufe seiner Arbeitssuche flatterten immer mehr Rechnungen ins Haus. Wegen seiner Arbeitslosigkeit hatte Larry viele von ihnen nicht bezahlen können, und jetzt hatte eine Reihe von Gläubigern gedroht, seine Rechnungen an einen Inkasso-Agenten weiterzugeben.

„Warum greift Gott nicht ein?" fragte sich Larry. Verstandesmäßig *wußte* er, daß Jesus verheißen hatte, daß all die, die auf ihn vertrauten, niemals Mangel leiden würden (Matthäus 6, 25-34). Dennoch schien Gott merkwürdig schweigsam zu sein. Wenn er betete, wollte es Larry nicht gelingen, dies im Glauben zu tun; und er fühlte nicht die innere Gewißheit, die er sonst immer in seinem Wandel mit Gott empfand. Das einzige, was ihm in seiner Sorge blieb, waren ein wachsender Berg von Rechnungen und schlimme Spannungskopfschmerzen.

Die Moral dieser Geschichte ist einfach – es spielt dabei noch nicht einmal eine Rolle, ob Larry die Stelle bekam oder nicht (nebenbei gesagt, er hat sie bekommen). Es geht darum, daß wir keine gefühlsmäßige Bestätigung von Gott brauchen, um ihm zu glauben. Glaube ist eine *Tatsache*, keine gefühlsmäßige Stimmung. Hätte Larry genug über Gottes Rezept gegen Furcht und Sorge gewußt, so hätte er erkannt, daß der Glaube selbst die heimtückischste Furcht überwinden kann – sogar in Zeiten, in denen Gott fern zu sein scheint.

DER GLAUBE IN AKTION

Zu Beginn dieses Kapitels habe ich drei Ängste genannt, unter denen Menschen häufig leiden: die Angst vor mangelnden finanziellen Mitteln, die Angst vor mangelnden Fähigkeiten und die Angst vor dem Unbekannten. Es ist jedoch leicht ersichtlich, daß die Anwendung von Gottes Rezept gegen Furcht – der Glaube – jeden dieser Problembereiche bewältigen kann. Unser geistlicher Gesundheitszustand kann sich verbessern, und wir können die krankmachenden körperlichen Auswirkungen der Sorge vermeiden.

Wenn wir den Glauben zum Beispiel auf unsere finanziellen Sorgen anwenden, können wir zuversichtlich mit Paulus erklären: „Aus seinem Reichtum wird euch Gott, dem ich gehöre, durch Jesus Christus alles geben, was ihr zum Leben braucht" (Philipper 4,19; H.f.a.).

Haben Sie das gehört? Gott gibt uns *alles*, was wir zum Leben brauchen – einschließlich unserer Finanzen. Diese Lektion erhielt ich auf sehr eindrucksvolle Weise in meinem ersten Jahr im College. Ich war erst drei Monate in der Ausbildung, als mein Vater, der ein Jahr zuvor von seinem medizinischen Dienst in China zurückgekehrt war, einen schweren Herzanfall erlitt. Durch diesen Herzanfall war er so geschwächt, daß er nahezu ein Jahr lang nicht arbeiten konnte. Als Folge davon versiegte allmählich die Quelle meiner Studiengelder. Ich befürchtete ernsthaft, daß mir die Mittel fehlen würden, um meine Ausbildung zu beenden.

Manchmal war die Lage besonders verzweifelt. Einmal war es so schlimm, daß ich nichts mehr zu essen hatte. Ich hatte gerade zum Frühstück die letzten Cornflakes verschlungen und betete im Glauben, daß Gott für das Mittagessen und das Abendessen sorgen möge – obwohl ich, offen gesagt, nicht die geringste Ahnung hatte, wo die Lebensmittel herkommen sollten.

Als ich an dem Tag in meinen Briefkasten im College schaute, fand ich einen einsamen Umschlag, der dort auf mich wartete. Es war eine Mitteilung vom Fachbereich Chemie. Ich las:

„Da Sie im letzten Semester in Ihrem Chemielabor weniger Glaswaren zerbrochen haben, als Ihrem Quantum entspricht, geben wir Ihnen eine Rückzahlung von zehn Dollar."

Ich konnte es kaum glauben! Hätten meine Professoren unter den Studenten, die mit mir am selben Labortisch arbeiteten, eine Umfrage gestartet, so wären sie wohl zu einer völlig anderen Meinung gekommen, was die Menge der von mir zerbrochenen Glaswaren betraf. Aber ich wollte dieses wunderbare Geschenk nicht in Frage stellen. Doch was noch wichtiger war: Ich wollte Gottes Treue nicht in Frage stellen. In einem Augenblick der Sorge über finanzielle Mittel hatte ich mich an Gott gewandt und sein Rezept auf meine Lage angewandt. Er hatte mir das so sehr benötigte Geld für Lebensmittel zukommen lassen, und zusätzlich gab er mir auch Lebensmittel. Am späten Nachmittag dieses Tages kam eine ältere Bekannte mit einer großen Tüte voll Gemüse aus ihrem Garten an unsere Eingangstür. Sie war einen weiten Weg gelaufen, um sie vorbeizubringen, und kam gerade recht zur Abendbrotzeit. Philipper 4,19 hatte sich wieder als verläßlich erwiesen!

An anderer Stelle im Philipperbrief legt Paulus dar, daß der Glaube noch eine weitere Furcht überwinden kann – unsere Furcht vor mangelnden Fähigkeiten: „Deshalb bin ich auch ganz sicher, daß Gott sein Werk, das er bei euch durch den Glauben begonnen hat, zu Ende führen wird, bis zu dem Tag, an dem Jesus Christus wiederkommt" (Philipper 1,6; H.f.a.).

Wie oft hatten Sie den Eindruck, daß Gott einen besonderen Plan für Ihr Leben hat, aber Sie befürchteten, Ihre Fähigkeiten reichten nicht aus, um diesen Plan zu erfüllen? Von dem großen britischen Prediger Georg

Whitefield wird berichtet, daß er einst unter einem auffälligen Stottern litt. Was wäre geschehen, wenn Whitefield vor der Furcht kapituliert hätte, in der Annahme, Gott könne ihn wegen seines Sprachfehlers niemals als Werkzeug für sein Reich gebrauchen? Ganze Kapitel in der Geschichte des britischen und amerikanischen Christentums wären niemals geschrieben worden! Whitefield schöpfte ohne Zweifel Kraft aus den Reichtümern der Treue Gottes, um den Dämon der Furcht zu besiegen. Gottes Fürsorge überwand Whitefields Sorge, er sei nicht fähig, dem Herrn zu dienen.

Schließlich können wir das Rezept des Glaubens auch auf unsere Furcht vor dem Unbekannten anwenden. Zunächst wollen wir zwei Verheißungen betrachten:

Einem festen Herzen bewahrst du den Frieden, den Frieden, weil es auf dich vertraut (Jesaja 26,3).

Trachtet aber zuerst nach dem Reiche Gottes und nach seiner Gerechtigkeit, so wird euch solches alles hinzugelegt werden. Darum sollt ihr euch nicht sorgen um den anderen Morgen (Matthäus 6,33+34).

Vielen Menschen sind diese Verse vertraut. Aber die Tatsache, daß sie bekannt sind, sollte ihren Einfluß auf unser Leben weder abschwächen noch einschränken. Vielleicht gibt es gerade jetzt, während Sie diese Worte lesen, in Ihrem Leben viele bange Fragen: Sollte ich das Angebot für eine neue Arbeitsstelle annehmen? Sollte ich für das Haus eine zweite Hypothek aufnehmen? Sollte ich diese oder jene Universität besuchen? All diese Fragen – und viele mehr – können Sorge verursachen. Wenn wir der Sorge nicht Einhalt gebieten, kann sie zu Magengeschwüren, Arthritis oder sogar zu Krebs führen (Michael Fauman, „The Central Nervous System and the Immune System", *Biological Psychiatry*, Band 17, Nr.12, 1982, S. 1459).

Aber der Mensch, dessen „Herz fest ist", weiß, daß das Sorgenmachen über diese Nöte nichts einbringt. Geistlich gesehen zeigt ein Mensch, der Angst vor dem Morgen hat – Angst vor Dingen, die er weder sehen noch beeinflussen kann –, daß es ihm an Vertrauen in Gott mangelt. Er stellt damit jeden Bibelvers in Frage, den wir in diesem Kapitel genannt haben. Er zweifelt an der Aussage: „Gott aber kann viel mehr tun, als wir von ihm erbitten oder uns auch nur vorstellen können. So groß ist seine Kraft, die in uns wirkt" (Epheser 3,20; H.f.a.).

Wenn ich als Arzt höre, daß eine Reihe von angesehenen Medizinern eine bestimmte Therapie für eine Krankheit besonders empfehlen, werde ich diese Aussage mit großem Interesse zur Kenntnis nehmen. Ich werde die aufgestellten Behauptungen kritisch untersuchen, und wenn ich davon überzeugt bin, daß das Medikament oder die Therapie die gewünschten Ergebnisse erzielt, werde ich sie meinen Patienten empfehlen.

Lassen Sie mich Ihnen ein überaus wirksames und bewährtes Gegenmittel gegen Furcht und Sorge empfehlen. Darf ich Ihnen eine Behandlung verschreiben, die die verheerenden geistlichen und körperlichen Auswirkungen der Sorge beseitigen kann?

Das einzige Rezept, das Sie und Ihre Familie brauchen, um Schmerzen, nervöses Zittern und Magenbeschwerden abzuwehren, die durch nagende, bedrückende Furcht verursacht werden, ist – der Glaube. Versuchen Sie es noch heute. Sie werden sehen, es lohnt sich.

5 Das Trachten nach materiellem Besitz

Mit dreiunddreißig Jahren hatte John D. Rockefeller sen. bereits seine erste Million Dollar verdient. Im Alter von dreiundvierzig Jahren kontrollierte und leitete er die damals größte Firma der Welt – die Standard Oil Company. An seinem dreiundfünfzigsten Geburtstag war er mit Abstand der reichste Mann der Welt – und der einzige Milliardär.

Rockefeller mußte jedoch für sein schonungsloses Streben nach Geld einen unsagbar hohen Preis bezahlen. Weil er jeden wachen Moment seiner Arbeit widmete, verschlimmerte sich sein Gesundheitszustand auf drastische Weise. Schließlich bekam er Alopezie, einen krankhaften Haarausfall, bei dem der Betroffene nicht nur das Kopfhaar verliert, sondern auch die Wimpern und die Augenbrauen. Seine Sorge um seine geschäftlichen Unternehmungen wirkte sich auch auf seinen Magen sehr schädlich aus. Welch eine Ironie: Rockefellers wöchentliches Einkommen betrug über eine Million Dollar, aber aufgrund seiner Magenbeschwerden konnte er nur Kräcker und Milch zu sich nehmen.

Der amerikanische Schriftsteller F.Scott Fitzgerald war den größten Teil seines Lebens ebenso unermüdlich damit beschäftigt, Geld zu verdienen und einen extravaganten Lebensstil zu finanzieren. Viele seiner Biographen weisen darauf hin, wie verzweifelt er sich bemühte, reich zu werden. Als ihm jedoch seine Schriftstellerei tatsächlich Geld einbrachte, verschwendete er es stets auf eine für seine Gesundheit sehr schädliche Weise. A. Scott Berg bemerkt dazu:

„Fitzgerald trank wieder zuviel. Später schrieb er in seiner Geschäftsbilanz, 1923 sei ein 'Jahr mit ausreichendem Einkommen', aber auch ein Jahr 'der Gefahr und des Zerfalls' gewesen. Einige Kurzgeschichten, eine Option für einen Film und verschiedene Vorschüsse brachten ihm im Jahre 1923 nahezu dreißigtausend Dollar ein, fünftausend Dollar mehr, als er im Jahr zuvor verdient hatte. Aber nach Monaten leichtsinniger Lebensführung gab Fitzgerald zu, ...daß er sich selbst durch Geldausgeben in eine 'schreckliche Lage' gebracht hatte“ (*Max Perkins, Dutton*, S. 49).

Nachdem er ein Leben lang materiellen Reichtum angestrebt hatte – und ebensooft das verloren hatte, was er gewonnen hatte –, wurde Fitzgerald Alkoholiker und starb in vergleichsweise jungem Alter von vierundvierzig Jahren an einem Herzanfall.

John D. Rockefeller, F. Scott Fitzgerald – was hatten diese beiden Männer gemeinsam? Beide wurden von dem Verlangen getrieben, finanziellen Reichtum anzuhäufen und in Gelddingen erfolgreich zu sein. Kurz gesagt, beide Männer waren habgierig.

Es ist bemerkenswert, daß Rockefeller und Fitzgerald noch mindestens eine weitere Gemeinsamkeit hatten: Ihr unmäßiges Verlangen nach Geld war eine Hauptursache ihrer gesundheitlichen Probleme.

In einem Zeitalter, in dem die Gesellschaft die Freuden des Materialismus propagiert und immer mehr Menschen sich von der Vorstellung leiten lassen, finanzielles Fortkommen sei das summum bonum – das höchste Gut – menschlicher Existenz, stellen sie leider keine Ausnahmefälle dar. Aber während sie immer mehr Reichtum anhäufen, büßen sie ihre Gesundheit ein.

Was liegt diesem zwanghaften Verhalten eigentlich zugrunde? Warum sind so viele Menschen davon überzeugt, daß selbst ein Einkommen, das einen bequemen Lebensstandard sichert, nicht ausreicht? Warum erscheint ihnen extravaganter Reichtum so attraktiv? Mit einem Wort, warum sind Menschen so habgierig?

DIE GEISTLICHEN WURZELN DER HABGIER

Die Habgier – jene Eigenschaft der „übermäßigen oder verwerflichen Gewinnsucht", wie es in einer Wörterbuchdefinition heißt – wurzelt in der sündhaften Natur des Menschen. Als Adam sich entschloß, lieber seinem eigenen Weg zu folgen und den göttlichen Weg zu verlassen, bedeutete das für ihn, daß er von nun an versuchen wollte, sein Glück in bestimmten *Dingen* zu finden. Der Besitz einer bestimmten Frucht zum Beispiel erschien ihm offensichtlich weitaus attraktiver als der Gehorsam Gott gegenüber. Ich glaube, die meisten von uns wären sich darin einig, daß Adams Verlangen, durch bestimmte „Dinge" Glück zu erlangen, sich von Generation zu Generation weitervererbt hat. Wenn dieses Verlangen unsere Bereitschaft, Gott gehorsam zu sein, verdrängt und schließlich dazu führt, daß wir ihm den Gehorsam verweigern, ist die Habgier in unseren Herzen geboren.

Gott hat es jedoch immer wieder verurteilt, wenn Menschen materielle Besitztümer über die Hingabe an ihn stellen. Die Schrift deckt wiederholt auf, wie sündhaft und abstoßend der habgierige Mensch ist:

Wer unrecht Gut begehrt, zerstört sein Haus (Sprüche 15, 27; Luther).

Aber es sind gierige Hunde, die nie satt werden können (Jesaja 56, 11; Luther).

...Menschen, welche verdorbenen Sinnes und der Wahrheit beraubt sind und die Gottseligkeit für eine Erwerbsquelle halten (1. Timotheus 6, 5).

Ebenso stellt Lukas fest, daß Judas „zustimmte", für seinen Verrat an Christus Geld in Empfang zu nehmen (Lukas 22,6). Paulus jedoch verfaßte die vielleicht bekanntesten Gedanken über Geld und seinen möglicherweise zerstörerischen Einfluß:

Denn die, welche reich werden wollen, fallen in Versuchung und Schlingen und viele törichte und schädliche Lüste, welche die Menschen in Verderben und Untergang stürzen. Denn die Geldgier ist eine Wurzel aller Übel (1. Timotheus 6, 9-10).

Der Apostel hat an dieser Stelle zwei sehr wichtige Punkte verdeutlicht. Zunächst hat er bestätigt, daß die Gier nach Geld, das heißt die Habgier, in sich sündhaft ist. In seinem ersten Brief an Timotheus weist Paulus sogar darauf hin, daß ein Gemeindeleiter nicht „habgierig" sein darf (Kapitel 3, 3). Folgendes ist jedoch wichtig: Geld an sich ist nicht sündhaft. Jesus selbst führte viele annehmbare Verwendungsmöglichkeiten des gesetzlichen Zahlungsmittels auf (Lukas 12,33; Matthäus 5,3; 19,21). Paulus macht jedoch klar, daß das Geld höchstwahrscheinlich dann zu einem sündhaften Verlangen geführt hat, wenn es unsere Beziehung zu Gott, zu unserer Familie oder zu anderen nachteilig beeinflußt. Wir werden dieses Thema gleich noch weiter ausführen. Zunächst einmal möchte ich jedoch auf den zweiten Punkt eingehen, den Paulus in dieser Schriftstelle anspricht. Die Aussage des Apostels, daß das Verlangen des Menschen nach Reichtum schädlich für den Menschen sei, scheint sich ganz offensichtlich auf den geistlichen Schaden zu beziehen, der durch Habgier verursacht wird, weil zum Beispiel geistliche Dinge für uns an Bedeutung verlieren. Dennoch ist es auch denkbar, daß er an die *körperlichen* Folgen der Habgier beziehungsweise der Begehrlichkeit dachte. Auch bei der Habgier kann man anhand von Beispielen zeigen, auf welche Weise sich ein geistliches Problem schädlich auf unsere körperliche Gesundheit auswirken kann.

DIE KÖRPERLICHEN AUSWIRKUNGEN DER HABGIER

Wir haben bereits an zwei Beispielen gesehen, daß Habgier Alopezie und Alkoholismus verursachen kann. Es gibt jedoch eine ganze Reihe von weiteren körperlichen Auswirkungen des überwältigenden Zwanges, materiellen Besitz anzuhäufen.

Offensichtlich hat Habgier an sich keine *direkten* körperlichen Auswirkungen. Der gefühlsmäßige Gesamtzustand eines Menschen jedoch, der durch Sorge, nervöse Anspannung oder Überarbeitung hervorgerufen wird und mit dem zwanghaften Streben des Menschen nach Reichtum in Verbindung steht, hat ganz eindeutig körperliche Auswirkungen. In Rockefellers Fall zum Beispiel führte das unablässige Streben nach Geld dazu, daß der Industriemagnat dafür seine Gesundheit einbüßte.

Dean hinterließ mir eines Abends eine Nachricht auf meinem Anrufbeantworter. Er sagte, er müsse mich sofort sehen. Bald darauf traf ich ihn in der Notaufnahme des Krankenhauses. Dort erzählte er mir, daß er sich seit beinahe einer Woche ständig übergeben müsse und unter schmerzhaften Unterleibskrämpfen, Durchfall und Kopfschmerzen litt.

Ich stellte ihm eine Reihe von Routinefragen über seine Essensgewohnheiten. Dabei wurde immer deutlicher, daß Deans Probleme nicht durch das ausgelöst worden waren, was er gegessen hatte. Seine Beschwerden waren vielmehr durch etwas verursacht, das an *ihm* nagte.

Dean arbeitete als Kreditsachbearbeiter bei einer der größten Banken der näheren Umgebung. Er arbeitete jetzt bereits seit beinahe drei Jahren bei dieser Bank und hatte sehr rasch Karriere gemacht. Bei jeder Beförderung hatte er natürlich eine beträchtliche Gehaltserhöhung bekommen, die seiner neuen Verantwortung angemessen war. Aufgrund seines beruflichen Fortkommens war er in der Lage gewesen, eine Anzahlung für ein schönes Stadthaus zu leisten und einen hübschen kleinen Sportwagen zu kaufen. Dean schwebte auf rosaroten Wolken des Erfolges – bis ihm eines Tages in der Bank zu Ohren kam, daß ihm in der Organisation keine weiteren Aufstiegsmöglichkeiten mehr offenstanden. Seine Vorgesetzten hatten den Eindruck, daß Dean seine Arbeit so hervorragend ausführte, daß sie es sich nicht leisten konnten, ihn aus seiner gegenwärtigen Position zu entfernen. Da sein berufliches Fortkommen nun zum Stillstand gekommen war, würden die nun folgenden Gehaltserhöhungen um einiges geringer ausfallen, als er es bis jetzt gewohnt war.

Dean verdiente genug Geld, um seinen finanziellen Verbindlichkeiten nachzukommen, aber das reichte nicht aus – so dachte er jedenfalls. Es *gefiel* ihm, daß er ständig Gehaltserhöhungen bekam – er hatte beinahe ein unstillbares *Verlangen* danach – und er wollte *mehr*. Nachdem er die gefürchtete Nachricht erhalten hatte, ließen die Reaktionen seines Körpers nicht lange auf sich warten. Was war eigentlich geschehen? Kurz gesagt hatte Deans starkes Verlangen nach Geld – und die nunmehr geringe Aussicht, dieses Verlangen zu befriedigen – in dem Gefühlszentrum seines Körpers einen Sturm der Erregung ausgelöst. Von diesem Zentrum ausgehende Nervenimpulse lösten sehr rasch Erbrechen und schwere Krämpfe aus und sorgten dafür, daß die Beschwerden nicht nachließen. Diese Impulse verursachten auch eine Erweiterung der Blutgefäße in Gesicht und Hals. Die vermehrte Blutzufuhr in seinem Kopf verursachte seine Kopfschmerzen und verschlimmerte sein Erbrechen.

Eine weitere Fallstudie kann die körperlichen Schäden der Habgier noch umfassender darstellen. Nach einer Reihe von erfolgreichen US-Mondlandungen in den frühen siebziger Jahren schränkte der Kongreß die finanziellen Mittel für das bemannte Raumfahrtprogramm ein. Daher wurden viele Wissenschaftler und andere hochqualifizierte Angestellte aus dem Programm entlassen. Bald wurde deutlich, daß für ihre spezialisierten Kenntnisse und Fähigkeiten an anderer Stelle sehr wenig Bedarf bestand. Schließlich hatten die Vereinigten Staaten nur ein Raumfahrtprogramm. Aber da ihre Stellung so überaus lukrativ gewesen war, hatten viele der entlassenen Mitarbeiter der NASA sich an einen ausgesprochen aufwendigen Lebensstil gewöhnt. Jetzt, da die Aussichten auf eine Anstellung überaus gering waren, reagierten einige dieser Personen darauf mit körperlichen Beschwerden.

Natürlich war nicht jeder einzelne von ihnen nur auf Geld aus. Unter ihnen gab es auch ganz durchschnittliche Menschen, die einfach unter außergewöhnlichen finanziellen Problemen zu leiden hatten. Aber eine nicht unbeträchtliche Zahl dieser Menschen hatte überaus großen Gefallen an dem finanziellen Fortkommen gefunden, das ihre Karriere ihnen ermöglicht hatte. Als ihrer Habgier jetzt Steine in den Weg gelegt wurden, kam es zu einer Reihe von tödlichen und beinahe tödlichen Herzanfällen innerhalb dieser Gruppe von ehemaligen Mitarbeitern der Raumfahrtbehörde.

Dr. Rudolph Oehm berichtet, daß die Autopsie, die bei diesen Personen durchgeführt wurde, ein sehr ungewöhnliches Phänomen zutage förderte. Bei der mikroskopischen Untersuchung ihrer Herzmuskeln fand er nämlich nicht die typischen gewundenen Fasern, sondern ungewöhnliche „Kontraktionsbänder". Seitdem bringt man diese „Bänder" mit Streß und einer hohen Absonderung gewisser Körperhormone wie Adrenalin und Noradrenalin in Zusammenhang (*The Joy of Good Health*, Harvest House, S.69-70). Die Ursache ihres Stresses stand natürlich mit ihrer Beziehung zum Geld in Zusammenhang.

GOTTES REZEPT GEGEN HABGIER

Auch für die Habgier gilt zweifellos, daß sie, wie jede Einstellung und Verhaltensweise, die uns von Gott trennt, für unsere Gesundheit gefährlich sein kann. Aber Gott hat uns gegen Krankheiten, die durch Selbstsucht und Habgier hervorgerufen werden, eine Medizin zur Verfügung gestellt.

Natürlich lassen sich einige Rezepte schwerer anwenden als andere. Ich weiß, daß einige meiner Patienten bestimmte von mir verschriebene Medikamente nur sehr ungern einnehmen. Ein flüssiges Medikament kann schrecklich schmecken, oder die Farbe einer Tablette kann bedrohlich wirken. Gelegentlich kann in seltenen Fällen solch ein Medikament sogar Übelkeit bei einem Patienten hervorrufen. Ich stimme zwar gewöhnlich nicht unbedingt dem alten Sprichwort zu: „Die Medizin muß bitter sein, sonst hilft sie nicht", aber ich weiß, daß ein Rezept, das einem Menschen wirklich hilft, manchmal im wahrsten Sinne des Wortes „schwer zu schlucken" ist.

So ist es auch bei Gottes Rezept gegen die Habgier. Besitzgier, Weltlichkeit, Gewinnsucht, Materialismus – wie immer man es auch bezeichnet, die Habgier ist eine schwere geistliche Krankheit, die eine durchgreifende Behandlung erforderlich macht. Die Schrift scheint zwei Behandlungsmethoden für diese spezielle Krankheit der Seele anzudeuten. Zunächst einmal muß der habgierige Mensch lernen, von seiner Sucht nach Geld loszukommen; gegebenenfalls muß er sogar gewillt sein, einige seiner Besitztümer aufzugeben und darüber hinaus seinen verbleibenden Besitz mit anderen zu teilen.

Verstehen Sie jetzt, warum es manchem schwerfällt, diese Behandlung anzunehmen? Vielleicht wäre es das Beste, dieses Rezept im Licht der geistlichen Lehre zu untersuchen und dann auf einzelne Beispiele von Menschen einzugehen, die Gottes Medizin auf diesem Gebiet angenommen haben.

BESITZTÜMER AUFGEBEN

Das Lukasevangelium enthält zwei hervorragende Fallstudien zum Thema Habgier. In einem Fall lesen wir von einem Mann, der Gottes Rezept annimmt und entdeckt, welche Früchte der Gehorsam trägt. Dann erzählt Lukas, wie einem anderen Mann dasselbe Rezept angeboten wird, dem diese Medizin aber so bitter erscheint, daß er sie nicht schlukken will.

Die erste Fallstudie handelt von dem Zöllner Zachäus. Lukas erwähnt, daß Zachäus wohlhabend war (Lukas 19,2), vielleicht um zu betonen, welch wichtige Rolle Geld in seinem Leben spielte. Lukas erwähnt auch, daß Jesus in das Haus des Zachäus kam. Leider gibt er nicht die ganze Unterhaltung wieder, die zwischen diesen beiden Männern stattfand. Aber die Begegnung mit Jesus muß einen unbeschreiblichen Eindruck auf Zachäus gemacht haben, denn er macht eine erstaunliche Aussage: „Siehe, die Hälfte meiner Güter gebe ich den Armen, und wenn ich jemanden betrogen habe, so gebe ich es vierfältig zurück" (Lukas 19,8).

Können Sie sich das vorstellen? Zachäus war nicht nur ein einfacher Zöllner, sondern er war der *Oberaufseher* über alle Zolleinnehmer (Lukas 19,2). In diese hohe Position hätte er nicht aufsteigen können, ohne viel Fleiß - und Hinterlist. (Wenn Sie meinen, das Finanzamt geht hart mit den Steuerzahlern um, hätten Sie im Jahre 32 n. Chr. in Jericho leben sollen. Eine normale Buchprüfung ist gar nichts dagegen - wer bestimmte Steuern nicht zahlte, konnte mit dem *Tod* bestraft werden.) Und nun bot dieser Oberaufseher der Zolleinnehmer an, ganze fünfzig Prozent seiner Besitztümer wegzugeben! Zusätzlich wollte er die Menschen, die er betrogen hatte - und das waren sicherlich nicht wenige - finanziell mit vierhundert Prozent Zinsen entschädigen!

Offensichtlich sah Zachäus etwas in Christus, das man, wie er wußte, mit Geld nicht kaufen konnte: Frieden, Gelassenheit, das Bewußtsein, ein Gott wohlgefälliges Leben zu führen. Vielleicht erkannte dieser Zolleinnehmer auch, daß es nicht nur unmöglich war, solches mit Geld zu *kaufen*, sondern daß das Geld dem Erwerb dieser Dinge sogar *im Wege stand.* Zachäus erkannte, daß es im Grunde genommen seine Habgier war, die ihn von Gott trennte. Daher gab er das auf, was er hatte, um etwas weitaus Wertvolleres zu gewinnen - eine Beziehung zu dem lebendigen Gott. Jesus erklärte das Prinzip, das Zachäus zum Handeln bewegte, anhand seines Gleichnisses von der Perle:

„Wiederum ist das Himmelreich gleich einem Kaufmann, der schöne Perlen suchte. Als er nun eine kostbare Perle fand, ging er hin und verkaufte alles, was er hatte, und kaufte sie" (Matthäus 13,45-46). Welches Resultat brachte der Gehorsam des Zachäus hervor? „Heute", sagte der Herr, „ist diesem Hause Heil widerfahren" (Lukas 19,9). Zachäus wandte Gottes Rezept gegen Habgier an. Er gab seine Besitztümer auf und wurde dafür gesegnet.

Lukas erwähnt noch eine weitere Begebenheit, bei der Jesus dasselbe Rezept gegen Habgier verschrieb - das Aufgeben der Besitztümer. In diesem Fall jedoch wurde das Rezept abgelehnt:

Und es fragte ihn ein Oberster und sprach: Guter Meister, was muß ich tun, um das ewige Leben zu ererben? Da sprach Jesus zu ihm: Was nennst du mich gut? Niemand ist gut, als nur Gott allein. Du weißt die Gebote: Du sollst nicht ehebrechen! Du sollst nicht töten! Du sollst nicht stehlen! Du sollst nicht falsches Zeugnis reden! Ehre deinen Vater und deine Mutter! Er aber sprach: Das habe ich alles gehalten von Jugend an. Da Jesus das hörte, sprach er zu ihm: Eins fehlt dir noch; verkaufe alles, was du hast, und verteile es an die Armen, so wirst du einen Schatz im Himmel haben, und komm, folge mir nach! Als er aber solches hörte, wurde er ganz traurig; denn er war sehr reich (Lukas 18,18-23).

Im Kommentar zu Jesu Anweisungen an den reichen und angesehenen jungen Mann stellen die Bibelkommentatoren Walvoord und Zuck fest:

„Der reiche und angesehene junge Mann war nicht bereit, diesen Schritt zu tun. Sein Reichtum bedeutete ihm mehr als die Vorstellung, das 'ewige Leben' zu gewinnen, nach dem er den Herrn zu Beginn des Gespräches so edel gefragt hatte... Reichtümer verschleiern oft den Blick eines Menschen im Hinblick auf das, was im Leben wahrhaft wichtig ist" (*The Bible Knowledge Commentary*, Victor Books, S. 250-251).

Kann man dem noch etwas hinzufügen? Jesus bot dem angesehenen und reichen jungen Mann Gottes Rezept gegen die Habgier an, und dieser lehnte es ab. Vergleichen Sie die Reaktion des angesehenen, reichen Mannes auf dieses Rezept mit der Reaktion von Zachäus: Der angesehene, reiche Mann „wurde ganz traurig", während Zachäus der Anweisung des Herrn gehorchte und gerettet wurde.

Besitztümer aufzugeben – das scheint ein furchtbar schwerer Entschluß zu sein. Was bedeutet diese Anweisung eigentlich im Hinblick auf unser persönliches Alltagsleben? Wenn ich merke, daß ich habgierig bin, sollte ich dann mein Haus und mein Auto verkaufen und mich in Sack und Asche kleiden?

Das ist natürlich ein schwieriges Thema, zu dem man keine allgemeingültigen Antworten geben kann. Ein Mensch, dem ernsthaft an der Erhaltung seiner geistlichen Gesundheit gelegen ist, und der fühlt, daß diese durch Habgier bedroht wird, sollte meiner Ansicht nach nach dem folgenden Prinzip handeln: Finden Sie heraus, welche Sache oder welche Sachen es im einzelnen sind, auf die sich Ihre Habgier richtet, und sagen Sie sich dann ganz gezielt von diesen los. Wenn Sie zum Beispiel feststellen, daß Sie ein übermäßiges Verlangen empfinden, beständig Ihre Stereoanlage zu erweitern, wäre es vielleicht keine schlechte Idee, das ganze Ding einfach loszuwerden. Ja, ganz recht, lassen Sie sie einfach los.

Die Stereoanlage ist für Sie, kurz gesagt, zu einem Götzen geworden. Sie schenken ihr Ihre ganze Aufmerksamkeit, und deshalb steht sie Ihrer völligen Hingabe an Gott im Wege. Denken Sie daran: Wir sollen keine anderen Götter haben außer Ihm (2. Mose 20,3). Jedes Objekt, das diese Beziehung bedroht, muß bekämpft werden.

Wenn Sie eine Weile ohne Ihre Stereoanlage ausgekommen sind, werden Sie vielleicht feststellen, daß Sie nunmehr erkannt haben, daß Sie Gott und nicht dem Mammon den ersten Platz in Ihrem Leben einräumen müssen. Jetzt können Sie unter Umständen eine neue Anlage kaufen. Aber nehmen Sie sich in acht! Wenn wir bestimmte Besitztümer nicht freiwillig aufgeben, die unserer geistlichen Gesundheit schaden, wird Gott uns vielleicht eine drastische Lektion erteilen! *Er* wird uns unsere Besitztümer fortnehmen.

Wie ich bereits an anderer Stelle erwähnte, verbrachte ich die ersten Jahre meines Lebens in China. Diese Jahre fielen jedoch gerade in die ereignisreiche Zeit vor und nach dem Zweiten Weltkrieg – nicht gerade der Zeitpunkt und der Ort, um eine normale Kindheit zu verleben. Im Jahre 1935 mußte unsere Familie vor den kommunistischen Truppen fliehen, die China in der Zeit einer gescheiterten Revolution überrollten. Im Jahre 1940, drei Jahre nachdem die japanische Armee in China eingefallen war, mußten wir wieder um unser Leben laufen. Im Jahre 1949 wurden wir aus Shanghai evakuiert, zwei Wochen bevor die Rote Armee diese Stadt endgültig einnahm.

All diese Erfahrungen hatten eines gemeinsam: Bei jeder Flucht kam die jeweilige Invasionsarmee in den Besitz all unserer Möbel und sonstigen Besitztümer. Als wir im Jahre 1975 Äthiopien verließen, mußten wir ebenfalls den größten Teil unserer medizinischen Ausrüstung und persönlichen Habe zurücklassen.

Aber sehen Sie, dadurch, daß uns unsere irdischen Besitztümer viermal fortgenommen wurden – ohne die Mühe und die Aufregungen eines privaten Flohmarktes – erkannten wir, wie wichtig folgende Lektion für uns war:

...ihr habt den Raub eurer Güter mit Freuden hingenommen, in der Erkenntnis, daß ihr selbst ein besseres und bleibendes Gut besitzet (Hebräer 10,34).

Natürlich besteht ein gewisser Unterschied darin, ob einem die Besitztümer mit Gewalt fortgenommen werden oder ob man sie freiwillig *aufgibt.* Ich glaube auch nicht, daß Gott diese Erfahrungen in meinem Leben zugelassen hat, weil meine Familie habgierig war. Aber die Erfahrung von Gottes Treue in diesen für mich und meine Familie schweren Zeiten hat meinen Glauben gestärkt, daß der im 2. Korintherbrief beschriebene „fröhliche Geber“ auch der Empfänger göttlicher Gnade ist. Wenn wir erkennen, daß alle guten Dinge von Gott kommen, werden wir bereitwillig das aufgeben, was wir besitzen. Wir haben die Gewißheit, daß er für uns sorgen *wird* (Matthäus 6,33).

MIT ANDEREN TEILEN

Wenn wir uns von der Habgier lossagen und etwas von unseren Besitztümern abgeben, muß sich unsere Bereitschaft zum Geben zwangsläufig auf hilfsbedürftige Menschen richten. Auf diese Tatsache hatten wir früher schon einmal hingewiesen – als wir zum Beispiel erwähnten, daß Zachäus sein Geld denen gab, die er betrogen hatte.

Die Schrift deutet darauf hin, daß zwischen dem Aufgeben der Besitztümer und dem Geben an Bedürftige ein Zusammenhang besteht:

Der Gerechte gibt und hält nicht zurück (Sprüche 21, 26).

Die Menge der Gläubigen aber war ein Herz und eine Seele; und auch nicht einer sagte, daß etwas von seinen Gütern sein eigen sei, sondern alles war ihnen gemeinsam... Es litt auch niemand unter ihnen Mangel, denn die, welche Besitzer von Äckern oder Häusern waren, verkauften sie und brachten den Erlös des Verkauften und legten ihn den Aposteln zu Füßen; und man teilte einem jeglichen aus, je nachdem einer es bedurfte (Apostelgeschichte 4, 32; 34-35).

An jedem ersten Wochentag lege ein jeder unter euch etwas beiseite und sammle, je nachdem es ihm wohlgeht; damit nicht erst dann, wenn ich komme, die Sammlungen gemacht werden müssen (1. Korinther 16,2).

Denn trotz vieler Trübsalsproben hat ihre überfließende Freude und ihre so tiefe Armut den Reichtum ihrer Gebefreudigkeit zutage gefördert. Denn nach Vermögen, ja ich bezeuge es, über ihr Vermögen waren sie bereitwillig... (2.Korinther 8,2-3).

Können Sie sich vorstellen, wie machtvoll unser Glaube wäre, wenn wir heutzutage dieselbe Haltung an den Tag legten? Welchen Eindruck würde es auf die Welt machen, wenn der Leib Christi großzügig von seinen Besitztümern gäbe, um den Bedürftigen zu helfen? Ich kann nur vermuten, daß sich dies ebenso auswirken würde wie zur Zeit der frühen Gemeinde: „Der Herr aber tat täglich solche, die gerettet wurden, zur Gemeinde hinzu“ (Apostelgeschichte 2,47). Das wäre nur eine der Folgen, wenn viele Menschen sich von Selbstsucht und Habgier lossagten.

Aber das wäre noch nicht das Ende der Segnungen. Wie der Titel dieses Buches andeutet, käme es auch unserer körperlichen Gesundheit zugute, wenn wir uns von der Habgier abwenden. Sie werden sich noch erinnern, daß wir am Anfang dieses Kapitels erwähnten, auf welch dramatische Weise John D. Rockefeller sen. seinen Körper durch Habgier zugrundegerichtet hatte. Aber in *NONE OF THESE DISEASES* erzählt S. I. McMillen, wie sich Rockefellers Gesundheitszustand überraschend schnell verbesserte, nachdem er die geistlichen Prinzipien angewandt hatte, die in diesem Kapitel dargestellt sind:

„Zum ersten Mal in seinem Leben erkannte er, daß Geld keine Ware war, die man horten, sondern zum Nutzen anderer weitergeben sollte... Er gründete die Rockefeller-Stiftung, um dadurch einen Teil seines Geldes zur Linderung der Not anderer einsetzen zu können... Sein Geld war der zündende Funke für die Forschung gegen Malaria, Tuberkulose, Diphtherie und viele andere Krankheiten... Diese Forschung rettete Millionen das Leben und bewahrt noch heute Menschen vor einem vorzeitigen Ende. Als er begann, seine Gedanken *nach außen* auf die Nöte anderer zu richten, geschah ein Wunder: Er konnte wieder schlafen, normal essen und das Leben genießen. Er, der zuvor wie abgestorben war und auf seine Mitmenschen abstoßend wirkte, sprudelte nun über vor Dynamik und Aktivität. Als Rockefeller dreiundfünfzig Jahre alt war, schien es gewiß, daß er seinen nächsten Geburtstag nicht mehr erleben würde. Aber er praktizierte eines von Gottes ewigen Gesetzen, und er erntete den verheißenen Lohn: 'Gebet, so wird euch gegeben, ein voll, gedrückt, gerüttelt und überfließend Maß wird man in euern Schoß geben.' An ihm bewies sich die Gültigkeit dieser Verheißung, denn er lebte nicht nur bis zu seinem vierundfünfzigsten und fünfundfünfzigsten Geburtstag, sondern er empfing das 'volle, überfließende Maß' – er erreichte ein Alter von achtundneunzig Jahren" (McMillen, „Vermeidbare Krankheiten").

Manchem mag Rockefellers Genesung vielleicht wie ein „Wunder" vorkommen, aber ich glaube, daß ihr die schlichte Erkenntnis zugrundelag, daß Geld ihn nicht glücklich machen konnte. Mit Geld hatte er sich keine körperliche Gesundheit kaufen können. Erst als er Gottes Rezept gegen Habgier annahm, wurde seine körperliche Kraft wiederhergestellt. Wenn wir heutzutage dasselbe Rezept annehmen, können wir ein neues Leben der Gesundheit und der Zufriedenheit unter der Fürsorge des Großen Arztes beginnen.

6 Siebenmal täglich

Mose mußte oft genug aus erster Hand erfahren, was es heißt, mit unzufriedenen, klagenden, zynischen Menschen umzugehen. Stellen Sie sich vor, in welch einer Lage er sich befand, als das gerade erst befreite Volk Israel vor dem Roten Meer haltmachen mußte. Die Kriegswagen des Pharao kamen rasch näher, und das große Gemetzel schien unvermeidlich. Was taten die Israeliten? Scharten sie sich um Mose, um ihn zu unterstützen? Stärkten sie ihn durch eine überwältigende Vertrauenserklärung? Hielten sie eine inbrünstige Gebetsversammlung ab?

Nichts von alledem! Sie fingen an zu jammern!

„Sind etwa keine Gräber in Ägypten, daß du uns genommen hast, damit wir in der Wüste sterben?“ klagten sie. „Denn es wäre uns ja besser, den Ägyptern zu dienen, als in der Wüste zu sterben!“ (2. Mose 14,11 - 12). Stellen Sie sich diese Situation einmal vor: 600.000 Männer – mitsamt ihren Ehefrauen und Familien – jammerten und klagten. Das hatte Mose gerade noch gefehlt!

Wir wissen jedoch, daß Gott Israel aus dieser scheinbar aussichtslosen Lage befreite. Das Volk hatte mit eigenen Augen gesehen, wie sich das Meer teilte. Man sollte annehmen, daß es nun weitaus weniger dazu neigte, sich zu beklagen, als die nächsten Schwierigkeiten auftauchten. Aber leider mußte Mose wiederholt feststellen, daß Israels Fähigkeit zum Murren anscheinend kaum Grenzen kannte.

Bei jeder sich bietenden Gelegenheit hörte er sie murren – wegen Wasser (2. Mose 15,24; 17,2), Nahrung (2. Mose 16,3) und seiner Führungsqualitäten (4. Mose 12,2; 14,2). Das Schlimmste daran war, daß der arme Mose sich dieses Klagen vierzig Jahre lang anhören mußte!

Der Herr sagte zu Mose einmal, daß Israels Problem im Grunde geistlicher Natur war (5. Mose 9, 13). Ihr unaufhörliches Murren zeigte, daß sie nicht erkannten, daß Gott jede einzelne schwierige Lage, in der sie sich befanden, unter Kontrolle hatte.

Wir sollten diese Tatsache in unserem eigenen Leben stets vor Augen haben. Zu diesem Zweck wollen wir jetzt die geistlichen und körperlichen Gefahren des Klagens einmal näher betrachten.

WARUM MURREN WIR?

Wir mögen es nicht, wenn man uns Befehle erteilt! Ein Grund für unser Murren besteht darin, daß es uns nicht gefällt, wenn uns jemand sagt, was wir zu tun haben. Dieses Prinzip gilt sowohl auf der geistlichen als auch auf der weltlichen Ebene.

Kehren wir für einen Augenblick noch einmal zu unseren Freunden in der Wüste Sinai zurück. Ich kann mir sehr gut vorstellen, daß die Israeliten unter anderem deshalb so gern lamentierten, weil ihnen Gottes Gebote nicht gefielen. Als Mose sie aus Ägypten führte, glaubten die Kinder Israel wahrscheinlich, der Herr werde sie auf schnellstem Wege an den nächstgelegenen paradiesischen Ort führen – vielleicht an irgendeinen Ort, der reich und üppig war, wie zum Beispiel die fruchtbaren Ufer des Tigris. Dort konnte man ein wirklich schönes Leben führen.

Als Gott ihnen statt dessen befahl, in die unfruchtbare Wüste zu ziehen, wurden nicht wenige Hoffnungen erschüttert – und nicht wenige Fäuste ballten sich trotzig. Gottes Befehl stand im krassen Gegensatz zu den Vorstellungen des Volkes Israel.

Diese Geschichte veranschaulicht, weshalb es oft für uns so problematisch ist, Gottes Gebote anzunehmen und ihnen gehorsam zu sein. Viele von uns verhalten sich ähnlich, wenn sie aufgefordert werden, scheinbar willkürlichen Befehlen von anderen *Menschen* gehorsam zu sein. Wer jemals gehört hat, wie jemand sagte: „Ich lasse mir von niemandem etwas vorschreiben, ich bin mein eigener Chef" oder „Ich nehme keine Anweisungen entgegen", der wird verstehen, was ich damit meine. Menschen sind verbissene Individualisten – dies ist als Veranlagung in uns und wird durch Tradition weitergegeben. Es fällt uns schwer, Befehlen oder Anweisungen zu gehorchen, von denen wir glauben, daß sie unsere Autonomie bedrohen, behindern oder zerstören. Wenn wir mit solchen Befehlen konfrontiert werden, beklagen wir uns über sie.

Wir möchten nicht durch Fremdbestimmung in eine falsche Richtung gelenkt werden. Es gibt noch eine weitere Ursache für das Murren, das sich sowohl auf unsere Beziehung zu Gott als auch zu Menschen auswirkt.

Auf der Liste der aktuellen Bestseller steht eine ganze Anzahl von Büchern, die sich damit beschäftigen, wie man sein Leben erfolgreich *selbst in die Hand nehmen* kann: *Das große Buch der Menschenführung; Die Kunst, Ihr Leben zu meistern; In einer Minute zum erfolgreichen Vertreter.* Die Beliebtheit dieser Bücher bestätigt die Tatsache, daß die meisten von uns gerne in dem Bewußtsein leben möchten, ihr Leben wahrhaft unter

Kontrolle zu haben. Wenn wir dann das Gefühl haben, daß jemand uns *in eine falsche* Richtung lenkt – uns die Selbstbestimmung über unser Leben abnimmt und uns auf einen falschen Weg lenkt –, beginnen wir zu murren. Tun wir das nicht auch in unserer Beziehung zu Gott? In meinem Leben gab es Zeiten, in denen ich den Eindruck hatte, als würde er mich in eine falsche Richtung führen. Im Jahre 1976 arbeitete ich als Chirurg am Central Dupage Hospital in Winfield in Illinois. Ich war zwar dankbar für diese Stelle, empfand aber tief in meinem Inneren das brennende Verlangen, nach Äthiopien und zu meiner Arbeit im Missions-Hospital von Soddo zurückzukehren. Aber wie sehr ich mich auch bemühte, meine Rückkehr dorthin vorzubereiten, der Herr schien der Erfüllung meiner Pläne ständig Steine in den Weg zu legen. Er übertrug mir im Krankenhaus und bei verschiedenen christlichen Organisationen in meiner näheren Umgebung mehr Verantwortung und machte es mir unmöglich, nach Äthiopien zurückzukehren.

An dieser Stelle fragen Sie sich vielleicht, warum um alles in der Welt jemand den Luxus und den Wohlstand einer amerikanischen Praxis als Mediziner aufgeben möchte, um in ein afrikanisches Missions-Hospital zurückzukehren. Aber darum ging es ja gerade: Ich hatte den Eindruck, daß ich Gott in einem Land besser dienen konnte, in dem die medizinische Versorgung um Jahre hinter dem derzeitigen technischen Stand zurückgeblieben war. Als ich in meinem bequemen Vorortbüro saß, konnte ich mich des Eindrucks nicht erwehren, daß Gott mein Leben, meine Karriere und meinen Dienst für ihn irgendwie falsch lenkte. Warum ließ er mich nicht zurück nach Äthiopien gehen? Eine ganze Weile nörgelte ich über diesen Gang der Dinge. *Wir glauben Gott nicht.* Meiner Ansicht nach besteht – rein geistlich gesehen – ein Hauptgrund für unser Murren darin, daß wir Gottes Verheißungen keinen Glauben schenken. Der Psalmist, der über Moses Probleme in der Wüste nachdachte, beleuchtet diesen Gedanken:

> *Sie verachteten das liebliche Land,*
> *sie glaubten seinem Worte nicht.*
> *Und sie murrten in ihren Zelten,*
> *sie gehorchten nicht der Stimme des Herrn*
> *(Psalm 106, 24-25).*

Von Anfang an hatte Gott Israel verheißen, daß er bei ihnen sein, sie führen und beschützen würde (2. Mose 6,6-8). Er beschränkte sich aber nicht auf diese wörtlichen Beteuerungen, sondern auch seine *Handlungen* bestätigten, daß seine Verheißungen nicht nur leere Worte waren. Manna und Wachteln fielen vom Himmel, Wasser sprudelte aus dem Felsen, ein in sich geschlossenes Gesetzessystem wurde Israel gegeben, nach dem es sein religiöses und gesellschaftliches Leben ausrichten sollte – Gottes Verheißungen wurden vollständig bestätigt.

Und doch murrte Israel. Warum? Weil sie in ihrer geistlichen Unreife nicht glauben konnten, daß Gott auch weiterhin seinem Wort treu sein würde. Wir wollen mit diesen Männern und Frauen nicht allzu hart ins Gericht gehen und daran denken, daß auch wir allzu oft dieselbe Schwäche an den Tag legen. In meinem Leben hat Gott mich mehrmals auf wunderbare Weise gerettet: vor Schiffbruch, vor dem Ertrinken, vor kommunistischer Invasion, vor einer regelrechten Schiffsmeuterei, vor Diphtherie und vor unzähligen anderen Katastrophen. Bei zahlreichen Gelegenheiten hat er auf wunderbare Weise für alle meine Bedürfnisse gesorgt. Und doch ertappe ich mich manchmal dabei, wie ich mich über irgendein kleines Problem beschwere: Mein Auto springt an einem kalten Morgen nicht an, eine Elektrizitätsrechnung scheint zu hoch. Aber dann fällt mir ein: Ich brauche mir um solche Dinge keine Sorgen zu machen, und ich muß mich erst recht nicht darüber beklagen. Gott hat *verheißen*, daß er mich niemals verlassen oder versäumen wird (Hebräer 13,5).

WAS GESCHIEHT, WENN WIR MURREN?

Ich habe die Erfahrung gemacht, daß Menschen, die sich über andere beklagen, die über ihre Probleme nörgeln oder die darüber stöhnen, daß niemand Verständnis für sie hat, häufig zu Zynikern werden. Der Zyniker wird definiert als ein „spitzfindiger, nörgelnder Kritiker", als ein Mensch, der sich so daran gewöhnt hat, immer das Schlechte im Leben zu sehen, daß für ihn das ganze Leben negativ geworden ist. Das Murren ist sein Erkennungsmerkmal.

Nach einer kürzlich von Psychiatern des Duke University Medical Centers durchgeführten Studie ist es sehr gut möglich, daß das Herz eines zynischen Menschen, der ständig klagt, gesundheitlich stark gefährdet ist.

In den fünfziger Jahren entdeckten die Kardiologen Dr. Meyer Friedman und Dr. Ray H. Rosenman, daß ungeduldige Menschen, deren Gang hastig war und die ihr Essen rasch hinunterschlangen, die anderen ins Wort fielen und die sich ständig beklagten, häufiger unter Herzbeschwerden litten als andere. Friedman und Rosenman bezeichneten diese Menschen, die ständig beißende Kritik vorbrachten, als Persönlichkeiten des „A-Typs"; Menschen mit einer ausgeglicheneren Veranlagung wurden hingegen als „B-Typ" bezeichnet. Nachfolgende Studien, die in verschiedenen Forschungsstätten durchgeführt wurden, unterstützten diese Ergebnisse.

Der Duke-Forscher Redford Williams glaubt aber nun, daß einige Komponenten des A-Typ-Verhaltens die körperliche Gesundheit mehr schädigen als andere. In Zusammenarbeit mit dem Psychologen Paul Costa vom Nationalen Institut für Altersforschung glaubt Williams, eine dieser schädigenden Komponenten erkannt zu haben: Zynismus.

Williams leitete eine Abteilung des Minnesota Multiphasic Personality Inventory (MMPI), das den Grad an Feindseligkeit und Zynismus bei mehr als 1500 Patienten maß, die auf Symptome der Arteriosklerose untersucht wurden. Menschen, die ein hohes Maß an zynischem, murrendem Verhalten aufwiesen, litten im Vergleich zu Menschen mit niedrigen Werten doppelt so häufig unter verstopften Arterien. Da das MMPI seit den fünfziger Jahren weite Verbreitung gefunden hat, konnten die Forscher frühere Tests heranziehen und damit Williams' Erkenntnisse bestätigen. Eine Studie von 255 Ärzten, die den Test bereits vor 25 Jahren durchgeführt hatten, zeigte, daß bei Menschen mit hohen „Zynismus"-Werten das Risiko, an einer Herzkrankheit zu erkranken, fünfmal größer war als bei denen, deren Werte unter dem Mittelwert lagen.

Weitere Laborexperimente haben gezeigt, daß Menschen des A-Typs in bestimmten Situationen eine größere Menge an gewissen Hormonen produzieren als solche Menschen, die nicht so unzufrieden sind. Da man vermutet, daß diese Hormone das Ablagern von Stoffen an den Arterienwänden beschleunigen – was zu einer „Verhärtung" der Arterien führt –, kann man davon ausgehen, daß Menschen, die am Leben ständig etwas auszusetzen haben, es wahrscheinlich auch nicht mehr lange genießen werden. Psalm 106 beschreibt die große Sorge und Niedergeschlagenheit des Volkes Israel in der Wüste.

Er rettete sie oftmals;
aber sie erzürnten ihn mit ihrem Vorhaben
und schwanden dahin um ihrer Missetat willen.
Da sah er ihre Not an,
als er ihre Klage hörte,
und gedachte an seinen Bund mit ihnen,
und es reute ihn nach seiner großen Güte.
Und er ließ sie Barmherzigkeit finden bei allen, die sie gefangen hielten (Psalm 106,43-46; Luther).

Gottes Rezept gegen Murren

Glücklicherweise gehören wir einem Gott, der unser Bestes will, der nicht möchte, daß wir in selbstgeschaffenen Käfigen gefangen sind. Glücklicherweise hat er uns in der Schrift dargelegt, wie wir die verheerenden geistlichen und körperlichen Auswirkungen einer murrenden Geisteshaltung überwinden können. Wenn wir Gottes Rezept gegen Jammern und Zynismus annehmen wollen, müssen wir zunächst gewisse grundlegende Wahrheiten erkennen.

Gott will unser Bestes. Wenn in einer Situation unser Leben anscheinend in eine falsche Richtung gelenkt wird oder wenn uns befohlen wird, etwas anscheinend vollkommen Lächerliches zu tun, gibt es eine Alternative zum Nörgeln. Wir können uns klarmachen, daß Gott in allen Situationen unseres Lebens einen einzigartigen und besonderen Plan für uns verfolgt – gleichgültig wie die Umstände auch *erscheinen* mögen, nichts kann diesen Plan außer Kraft setzen. Letzten Endes dienen alle Dinge dazu, seinen Willen zu verwirklichen (Römer 8,28). In vielen Fällen kann sich der Gesundheitszustand eines Menschen allein durch das Erkennen dieser Tatsache wesentlich verbessern.

Mehrere Schriftstellen in Gottes Wort sprechen davon, daß seine Größe und Güte sich in unseren persönlichen Lebenssituationen beweisen.

In 1. Mose lesen wir, wie Joseph seine Brüder begrüßte, nachdem sie ihn viele Jahre zuvor in die Sklaverei verkauft hatten. Wenn irgend jemand sich zu Recht über schlechte Behandlung beklagen konnte, dann war es Joseph. Aber betrachten wir seine Einstellung einmal näher:

„Fürchtet euch nicht! Bin ich denn an Gottes Statt? Ihr gedachtet zwar Böses wider mich; aber Gott gedachte es gut zu machen, daß er täte, wie es jetzt am Tage ist, um viel Volk am Leben zu erhalten“ (1. Mose 50,19-20).

Man kann sich leicht vorstellen, daß die damaligen Bewohner von Jerusalem glaubten, daß Gott ihr Leben auf tragische Weise in eine falsche Richtung gelenkt hatte, als Nebukadnezar Israel ins Exil nach Babylon brachte. Wie konnten sie ihm schließlich in einem fremden Land dienen? Man kann sich auch leicht vorstellen, wie sehr die Israeliten innerlich murrten, als sie über ihre Zwangslage nachdachten.

In der Geschichte Israels war dies jedoch genau der Zeitpunkt, zu dem Gott durch den Propheten Jeremia zu seinem Volk sprach. Israel hatte keinen Grund, wegen seiner Lage zynisch oder unzufrieden zu sein:

Denn ich weiß, was für Gedanken ich über euch habe, spricht der Herr,

Gedanken des Friedens und nicht des Leides, euch eine Zukunft und eine Hoffnung zu geben (Jeremia 29,11).

In seinem Brief schreibt Jakobus:

Selig ist der Mann, der die Anfechtung erduldet; denn nachdem er sich bewährt hat, wird er die Krone des Lebens empfangen, welche Gott denen verheißen hat, die ihn lieben! (Jakobus 1,12).

Wenn ich diese Gewißheit habe, kann ich Gott bedingungslos vertrauen. Wenn ich durch eine Situation in Versuchung gerate, Gottes Souveränität über mein Leben in Zweifel zu ziehen, kann ich voll innerem Frieden in dem Wissen ruhen, daß sein Thron „von Ewigkeit zu Ewigkeit währt" (Hebräer 1,8).

Wir müssen lernen, Gott zu preisen. Heute morgen war unser Haus ruhig und still. Sehen Sie, unsere Kinder sind der Führung Gottes gefolgt und dienen ihm jetzt in Afrika. Als ich durch die Zimmer ging und über längst vergangene Zeiten nachdachte, blieb ich einen Augenblick im Zimmer meiner Tochter stehen. Dort auf ihrem Schreibtisch stand ein kleines Schild mit dem Spruch:

Ein fröhliches Herz fördert die Genesung; aber ein niedergeschlagener Geist dörrt das Gebein aus (Sprüche 17,22).

Ich lächelte bei dem Gedanken daran, wie gut Caroline den Geist dieses Verses auslebt, wie gut es ihr gelingt, ihre Fröhlichkeit zu behalten, selbst wenn sie mit Ereignissen konfrontiert wird, über die sie sich berechtigterweise beklagen könnte.

Dann fragte ich mich, wie sie dieses überaus schwierige Kunststück fertigbringt. Könnte ich doch nur das Geheimnis dieser Fröhlichkeit nutzen und an meine Patienten weitergeben, dachte ich bei mir, dann würde sehr viel körperliches und geistliches Leiden vermieden. Plötzlich fielen mir als Antwort auf meine Frage zwei Verse aus den Psalmen ein.

Ich will den Herrn allezeit preisen (Psalm 34,1).

Ich lobe dich des Tages siebenmal (Psalm 119,64).

Diese Verse sind so wichtig, weil sie beschreiben, welche *Haltung* wir anstreben sollten, wenn wir in Versuchung geraten zu murren. Die Worte *allezeit* im ersten Vers und *des Tages siebenmal* im zweiten unterstreichen die Bedeutung des Lobpreises als beständiger Teil unseres christlichen Lebens.

Meine Tochter ist in der Lage, über Zynismus und Unzufriedenheit zu triumphieren, weil sie den Wert des Lobpreises erkannt hat. Weil sie aktiv Gott für all seine vielen Segnungen dankt, hat sie einfach keine *Zeit* zum Nörgeln darüber, daß andere ihr willkürliche Befehle erteilen oder versuchen, ihr Leben in die falsche Richtung zu lenken.

Ich mußte unwillkürlich lächeln, als ich darüber nachdachte, daß Gottes Rezept gegen Klagen unter anderem darin besteht, ihn siebenmal täglich zu preisen. Vielleicht liegt es daran, daß ich Arzt bin, aber als ich mir diesen Vers in Erinnerung rief, mußte ich an die Dosierungsanweisung auf einer Medizinflasche denken. Sie wissen schon, was ich meine: *dreimal täglich vor den Mahlzeiten mit etwas Flüssigkeit einnehmen.*

Dann jedoch wurde ich nachdenklich. Es ist Ihnen vielleicht aufgefallen, daß nur sehr wenige medizinische Dosierungsanweisungen verlangen, daß ein Patient eine bestimmte Dosis *siebenmal* am Tag einnimmt? Den meisten Patienten erschiene diese Anweisung als zu lästig, daher war die pharmazeutische Industrie sehr bemüht, Medikamente zu entwickeln, die nur ein- oder zweimal am Tag eingenommen werden müssen. Auf diese Weise können die Ärzte sicher sein, daß die Patienten die richtige Dosis auch einnehmen.

Was hat all das mit meiner plötzlichen Nachdenklichkeit zu tun? Nun, ich fragte mich, ob manche Menschen das Rezept, den Herrn „siebenmal täglich" zu preisen, als ebenso lästig empfinden wie die häufige Tabletteneinnahme. Sind schließlich nicht die meisten von uns gewöhnlich sehr beschäftigt, immer unterwegs und unzähligen Verpflichtungen unterworfen? Wir haben doch bestimmt nicht die Zeit, um dieses geistliche Rezept siebenmal am Tag anzuwenden!

Wenn es auch schwer erscheinen mag, ich möchte Sie dennoch ermutigen, dieses Rezept genauso anzuwenden, wie Gott es verschrieben hat. Im Gegensatz zur pharmazeutischen Industrie ist der Allmächtige nicht damit beschäftigt, fortschrittliche Methoden zu entwickeln, um unsere geistliche und körperliche Gesundheit zu verbessern. Er hat keine Pille anzubieten, die uns helfen wird, mit dem Murren aufzuhören, wenn wir sie einmal täglich mit Wasser einnehmen. Er hat noch keine Kapsel mit Langzeitwirkung entwickelt, die unseren Zynismus sofort beseitigt und uns achtzehn Stunden lang ununterbrochene Fröhlichkeit beschert. Gott hat uns jedoch etwas verschrieben, das mindestens ebenso wirksam ist wie diese ausgefallenen Medikamente – auch wenn es tatsächlich einige Mühe kostet, Seine Medizin einzunehmen. Wenn wir ihn beständig preisen, werden wir feststellen, wie schwierig es ist, weiterhin zu murren. Wie einfach! Wie herausfordernd! Wie wunderbar!

Wir müssen über Gottes Eigenschaften nachdenken. Im Jahre 1966 beendete ich eine Arbeit als leitender Chirurg für die Marine der Vereinigten Staaten in Taiwan. Nach Beendigung dieses Auftrages wollte ich eigentlich nach Afrika zurückkehren, um dort in Äthiopien als Chirurg zu arbeiten. Meine Missionsleitung informierte mich jedoch, daß meine Familie und ich zunächst einmal ein Jahr in den Vereinigten Staaten verbringen mußten, um dort Gemeinden zu besuchen, bevor wir zum Schwarzen Kontinent aufbrechen konnten. Der Zweck dieser Besuche bestand natürlich darin, den Menschen von unserem Vorhaben in Afrika zu berichten. Dann würden sie – so hoffte man – uns die finanzielle Unterstützung zukommen lassen, die wir zur Durchführung unserer dortigen Arbeit brauchten.

Sie können sich vorstellen, wie ich auf diese Nachricht reagierte. Ich beschwerte mich sofort darüber, daß es sehr unklug war, mit dieser Forderung an mich heranzutreten. Ein Jahr, in dem ich kreuz und quer in Amerika umherreiste, würde meine Fähigkeiten als Chirurg keineswegs verbessern. Ja, je länger ich vom Operationstisch entfernt war, um so mehr würden sich meine Fähigkeiten verschlechtern. Wiederum hatte ich den Eindruck, in eine falsche Richtung gelenkt zu werden.

Nun, um es kurz zu machen: Zwei Wochen bevor ich Taiwan verlassen sollte, stellte uns Gott alle unsere für Afrika benötigten finanziellen Mittel zur Verfügung. Das war wahrhaftig eine Segnung. Ich konnte ohne Unterbrechung weiter operieren, während Gott ohne Unterbrechung weiter für meine finanziellen Bedürfnisse sorgte.

Der Wendepunkt in diesem kleinen Drama war jedoch der Augenblick, in dem ich innehielt, um mit dem Murren *aufzuhören* und zu *beginnen*, darüber nachzudenken, was für einem Gott ich eigentlich diente. Mein Gott ist heilig, gerecht, gütig und treu. Er ist allgegenwärtig, allwissend und allmächtig. Seine Güte währet ewiglich und ist unveränderlich.

Als ich innehielt, um mir diese Eigenschaften des Höchsten vor Augen zu stellen – um einmal wirklich über ihre Bedeutung nachzudenken –, verstand ich, daß ich keinen Grund zum Murren hatte. Oh, als menschliches Geschöpf, das mit der Gabe des freien Willens ausgestattet ist, hätte ich zweifellos weiterhin schimpfen und murren können, wenn ich das *gewollt hätte*. Ich hätte es auch zulassen können, daß ich als Folge davon ein Magengeschwür oder Herzbeschwerden bekam.

Ich habe neu erkannt, daß mein Klagen in seinen Augen lächerlich erscheinen muß. Wenn ich wirklich glaube, daß Gott die Eigenschaften besitzt, die ich gerade genannt habe, kann ich ihm in jeder Situation vertrauen. Ich brauche mich über *gar nichts* zu beklagen.

MÜSSEN SIE IHREN NAMEN ÄNDERN?

Ich hoffe, es ist deutlich geworden, daß wir wohl kaum legitime Gründe zum Murren haben. Unzufriedenheit sollte nicht die charakteristische Haltung eines Menschen sein, der Jesus Christus kennt und ihm vertraut. Murren gehört nicht zu einem christlichen Lebenswandel. Eine Geschichte, die ich von meinem Pastor hörte, verdeutlicht diesen Punkt. Nach einem erfolgreichen militärischen Unternehmen belohnte Alexander der Große gewöhnlich die Soldaten, die tapfer gekämpft hatten, und bestrafte die Männer, die sich als Feiglinge erwiesen hatten. Als Alexander einmal einen Sieg mit seinen Generälen feierte, schleppten seine Wachen einen jungen Soldaten vor ihn. Dem Mann wurde vorgeworfen, seinen Posten verlassen zu haben, und er erwartete jetzt Alexanders Urteilsspruch.

Gewöhnlich wurde solch ein Vergehen automatisch mit dem Tode bestraft. Aber aus Gründen, die nur ihm bekannt waren, zögerte Alexander diesmal. Er blickte auf den jungen Soldaten herab, der zitternd vor ihm am Boden lag – und stellte eine einfache Frage: „Wie ist dein Name, Soldat?"

„Alexander", flüsterte der junge Mann kaum vernehmbar. „*Wie* ist dein Name?" fragte Alexander noch einmal und mit zunehmender Verärgerung in der Stimme. „Alexander", wiederholte der Soldat beschämt. Mit einem Satz stürzte sich der große Herrscher auf den Mann. Er packte ihn bei seinem Uniformrock und zog ihn ganz nahe an sich heran: „Das ist *mein* Name", brüllte Alexander. Dann fuhr er plötzlich mit leiser aber harter Stimme fort: „Soldat, du sollst leben, aber von heute an mußt du entweder dein *Auftreten* oder deinen *Namen* ändern!" Alexander wollte damit natürlich zum Ausdruck bringen, daß ein Soldat, der seinen Namen tragen wollte, sich auch auf eine Art und Weise verhalten mußte, die dem Ruhm und dem Charakter des Herrschers entsprachen.

Wenn wir den Namen *Christen* tragen wollen, müssen wir ein Verhalten an den Tag legen, das diesem Namen würdig ist. Einem Menschen, der sein Leben mit Murren verbringt, dürfte es schwerfallen, diesem Anspruch gerecht zu werden.

7 Inmitten des Sturms

Es war im Jahre 1940. Obwohl die japanische Armee China schon seit drei Jahren besetzt hielt, hatten meine Eltern ihre Missionsarbeit unter dem chinesischen Volk fortsetzen können. Als jedoch die Spannungen wuchsen und ein Krieg zwischen Japan und den Vereinigten Staaten immer wahrscheinlicher wurde, teilte uns die amerikanische Botschaft in Beijing mit, daß die Regierung der Vereinigten Staaten für unsere Sicherheit in China nicht länger garantieren konnte. Wir mußten das Land sofort verlassen.

Bereits wenige Tage nachdem diese Weisung herausgegangen war, befand ich mich an Bord der *S. S. Washington*, die nach San Francisco unterwegs war. Das Schiff war 160 Meter lang und damit das größte Schiff in der amerikanischen Flotte. Aber es sollte keine Vergnügungskreuzfahrt werden. In der Zeit vor unserer Evakuierung war vielen Amerikanern im besetzten China das hartnäckige Gerücht zu Ohren gekommen, Japan plane einen Überraschungsangriff gegen amerikanische Schiffe noch *vor* der offiziellen Kriegserklärung. Auch der Kapitän der *Washington* kannte dieses Gerücht und schenkte ihm Glauben. Deshalb entschloß er sich, bei dieser Heimfahrt mit seinem Schiff kein Risiko einzugehen und vorbeugende Maßnahmen zu ergreifen.

Der Kapitän wußte zum Beispiel, daß ein japanisches U-Boot mindestens sechs Minuten benötigte, um seine Torpedos auf die *Washington* zu richten und zielgenau abzufeuern. Daher ließ er auf unserer Fahrt das Schiff alle sechs Minuten scharfe, verwirrende Kursänderungen vornehmen, um einen möglichen Feind irrezuführen.

Noch besser jedoch ist mir die zweite vorbeugende Maßnahme unseres Kapitäns in Erinnerung geblieben. Anstatt eine direkte und daher möglicherweise gefährliche Route zwischen China und den Vereinigten Staaten zu wählen, schlug der Kapitän einen Kurs ein, der an den Aleuten, einer zu Alaska gehörenden Inselgruppe, vorbeiführte. Dieser Teil der Welt war schon immer für seine schweren Stürme berüchtigt: Im Sommer 1940 sollte ich nun Gelegenheit haben, diese berühmten Stürme der Aleuten näher kennenzulernen.

In den Stürmen, die wir erlebten, waren die Wellen nach Schätzungen des Kapitäns der *Washington* bis zu 25 Meter hoch. Ein kleineres Schiff wäre mit Sicherheit überschwemmt worden – aber auch die *Washington* kam nicht völlig ungeschoren davon. Im Gegenteil. Das Schiff schlingerte furchtbar. Riesige Brecher schlugen auf unser Schiff, und die Menschen wurden im wahrsten Sinne des Wortes die Gänge oder Treppen hinuntergeschleudert. Wie gewaltig die zerstörerische Kraft des Sturms war, wurde durch die Tatsache deutlich, daß mehr als einhundertfünfzig der Passagiere der *Washington* einen Arm oder ein Bein in Gips hatten, als wir schließlich in San Francisco einliefen. Sie können mir glauben, nach diesem Erlebnis wußten wir, daß wir einen Sturm erlebt hatten!

In den darauffolgenden Jahren wurde mir klar, daß tobende Stürme nicht nur auf Ozeane oder tropische Regionen begrenzt sind, die von Wirbelstürmen heimgesucht werden.

Auch über unser *Leben* ziehen oft Stürme hinweg. Damit meine ich natürlich jene stürmischen, turbulenten Zeiten unseres Lebens, in denen unser Glaube auf die Probe gestellt wird und der Himmel über uns zusammenzubrechen scheint. Der Verlust unserer Arbeitsstelle, der Tod des Ehepartners oder ähnliche tragische Ereignisse brechen über uns herein. Oft stellen wir dann fest, daß diese Stürme nicht nur auf unserer Seele Spuren hinterlassen, sondern auch unsere körperliche Gesundheit beeinträchtigen.

Ich glaube jedoch, daß wir die Stürme unseres Lebens bewältigen können, wenn wir sie aus einer geistlichen Perspektive betrachten. Ich bin davon überzeugt, daß die negativen Folgen solcher schwierigen Situationen oft vermieden oder verringert werden könnten, wenn wir uns einfach einige biblische Prinzipien vor Augen stellten. Aber um unsere Stürme erfolgreich überstehen zu können, müssen wir zunächst wissen, wodurch diese Stürme hervorgerufen werden.

WOHER KOMMEN DIE STÜRME?

Zum Streiten gehören immer zwei. Aus der meteorologischen Forschung weiß man, daß Stürme gewöhnlich entstehen, wenn zwei oder mehr Luftmassen aufeinanderprallen und in Konflikt geraten. Wenn Sie das Wort Luftmassen durch das Wort Menschen ersetzen, haben Sie schon eine recht gute Vorstellung davon, wie ein Großteil unserer emotionalen Stürme entsteht. Wenn wir beim Umgang mit anderen Menschen in Schwierigkeiten geraten und diese zwischenmenschlichen Konflikte auf eine unbiblische Weise zu lösen versuchen, werden wir dabei wahrscheinlich in einen emotionalen Sturm geraten.

Elise ist ein gutes Beispiel hierfür. Sie arbeitet als Sekretärin in einer großen Marketing-Firma und ist seit nahezu sieben Jahren überzeugter Christ. Leider ist Elises unmittelbarer Vorgesetzter ein kleinlicher Despot, dem es Vergnügen bereitet, Elise und ihre Mitarbeiter herumzukommandieren. Dieser Vorgesetzte ist wichtigtuerisch und aufbrausend und hat dazu noch schlechte Manieren – es ist fast unvermeidlich, daß er im Umgang mit ausgeglicheneren Menschen in Konflikt gerät.

Elises Vorgesetzter kritisierte ungerechterweise ihre Arbeit und setzte falsche Gerüchte über sie in Umlauf. Leider schoß Elise mit gleicher Munition zurück. In dem Bestreben, es ihrem Boß „heimzuzahlen", bediente sie sich der Methoden ihres Vorgesetzten: Verleumdung und boshafte Anspielungen. Weil sie nach dem Prinzip „Auge um Auge" vorging, steht sie jetzt jedoch mitten in einem hoffnungslosen, quälenden Kampf. Jeden Tag durchleidet Elise einen Nervenkrieg mit ihrem Vorgesetzten – und wird dabei immer frustrierter und niedergeschlagener. Sie möchte ihre Stelle nicht aufgeben, aber sie weiß nicht, wie sie aus diesem Teufelskreis ausbrechen kann, ohne „das Gesicht zu verlieren". Elise ist in einen Sturm geraten.

Ungehorsam. Elises persönlicher Sturm entstand natürlich in erster Linie durch das gehässige Wesen ihres Vorgesetzten. Es gibt jedoch andere Stürme, die in erster Linie durch uns *selbst* hervorgerufen werden. In diesen Fällen ist die Ursache des Sturms hauptsächlich *geistlicher* Natur. In einem früheren Kapitel sprachen wir von den geistlichen Krankheiten, unter denen König David litt, als er seine unrechtmäßige Beziehung zu Bathseba aufnahm. Davids Verlangen trieb ihn an, diese Frau zu besitzen. Nichts sollte ihm dabei im Wege stehen; er plante sogar den Tod von Bathsebas Ehemann, damit er sie heiraten konnte. Aber in 2. Samuel heißt es kurz und präzise: „Aber die Tat, welche David verübt hatte, mißfiel dem Herrn" (2. Samuel 11,27). Zweifellos war sich David von dem Augenblick an, als ihm diese Handlung in den Sinn kam, darüber im klaren, daß dieses Verhalten Gott erzürnen würde. Er kannte das Gesetz sehr gut; sowohl Ehebruch als auch Mord waren ausdrücklich verboten. Und doch setzte er ganz bewußt seinen eigenen Willen über den Willen Gottes und übertrat die heiligen Gebote des Herrn. Dadurch hatte sich David Hals über Kopf selbst in einen Sturm hineinbegeben. Bald nach Davids Heirat mit Bathseba sandte der Herr den Propheten Nathan, der die Übertretungen des Königs ans Licht bringen sollte. Und er brachte sie ans Licht!

Zu diesem Zeitpunkt begann Davids Sturm erst richtig zu toben. Er war verzweifelt über seine Sünde. Er erkannte seine Missetat und wurde von Schuldgefühlen und Reue verfolgt. Mit eigenen Worten beschreibt er, welch tiefe Qual er durchlitt:

„... denn ich erkenne meine Übertretungen, und meine Sünde ist immerdar vor mir. An dir allein habe ich gesündigt und getan, was in deinen Augen böse ist... Siehe, ich bin in Schuld geboren, und meine Mutter hat mich in Sünden empfangen“ (Psalm 51, 5-7).

Wie viele von uns können in Davids Klagelied einstimmen? Wie viele *unserer* Stürme brechen dann los, wenn wir ganz bewußt Gottes offenbartem Willen für unser Leben ungehorsam sind?

Dein Feind, Satan. „Ich kann es einfach nicht glauben.“ Seine Worte klangen matt, dumpf, beinahe geisterhaft. „Alles ging so gut, einfach wunderbar. Und jetzt *das.*“ Er schüttelte ungläubig den Kopf: „Warum hat Gott das zugelassen?“

Harry, ein Gemeindediakon, hatte gerade erfahren, daß er Prostata-Krebs hatte. Seine Reaktion darauf war nicht ungewöhnlich. Viele Christen gehen durch ihr Leben in einem Zustand von scheinbar beständigen Segnungen. Im Gegensatz zu Elise gelingt es ihnen, Schwierigkeiten mit anderen Menschen in einem Geist christlicher Liebe zu bewältigen. Im Gegensatz zu David sind sie stets bemüht, Gottes Weisungen für ihr Leben zu befolgen. Dann bricht plötzlich, wie aus heiterem Himmel, ein Sturm los – Krebs, Arbeitslosigkeit, tragische Ereignisse in der Familie. Die Welt scheint aus den Fugen geraten zu sein, und sie wissen nicht, wie sie sich jetzt verhalten sollen.

In solchen Zeiten sollte man sich daran erinnern, daß es noch eine dritte Ursache für Stürme gibt. Manchmal läßt es der Herr in seiner göttlichen Weisheit zu, daß Satan Anfechtungen, Versuchungen und Stürme in das Leben Seiner Kinder bringt. Wir wissen natürlich, daß der Herr selbst niemals einen Menschen versucht (Jakobus 1,13), aber er läßt es dennoch zu, daß der bereits besiegte Teufel ein gewisses Maß an Einfluß auf unser Leben ausüben darf. Das klassische Beispiel für dieses recht verwirrende Phänomen ist Hiob.

Gott selbst sagte von Hiob, er sei „fromm und rechtschaffen, gottesfürchtig und meidet das Böse“ (Hiob 1,8; Luther). Aber innerhalb weniger Tage verlor Hiob nahezu seine gesamte Familie und all seine zahlreichen Besitztümer und Güter. Hier kann man wahrhaftig von einem Sturm sprechen!

Die Quelle von Hiobs persönlichem Leiden war jedoch, wie wir wissen, Satan. Gott ließ es zu, daß der Böse Unglück über diesen gerechten Diener Gottes bringen konnte aus Gründen, auf die wir später in diesem Kapitel noch eingehen werden. An dieser Stelle ist für uns jedoch die Tatsache wichtig, daß Hiob ein Mensch war, der eigentlich keinen Grund gehabt hätte, einen Sturm zu fürchten – und der sich dennoch plötzlich inmitten eines satanischen Taifuns befand.

DIE KÖRPERLICHEN AUSWIRKUNGEN DER STÜRME

Nachdem Harry Truman von Franklin Roosevelts Tod erfahren hatte und als Präsident vereidigt wurde, ahnte er, daß er nunmehr in eine stürmische Periode seines Lebens hineinkam. Er machte eine Bemerkung, die charakteristisch ist für einen Menschen in solch einer Situation: „Ich fühle mich, als wären der Mond, die Sterne und alle Planeten auf mich herabgestürzt."

Wenn in unserem Leben Stürme toben, haben auch wir manchmal den Eindruck, alle nur erdenklichen Himmelskörper stürzten auf uns herab. Wir können auf solche Stürme auf vielerlei Art reagieren: mit Wut, mit Furcht, mit Entrüstung. Die körperlichen Auswirkungen dieser einzelnen Emotionen habe ich schon in früheren Kapiteln dargestellt. Wie wir gesehen haben, ist jede dieser Gefühlsregungen für den Gesundheitszustand eines Menschen gefährlich.

Der Liste dieser „Sturmreaktionen" läßt sich jedoch noch eine weitere hinzufügen: die Depression, die im Grunde genommen nichts anderes ist als nach innengerichtete Wut. Aufgrund meiner ärztlichen Erfahrung habe ich festgestellt, daß diese Gemütserregung eine der weitverbreitetsten menschlichen Reaktionen auf schwierige, kritische Umstände ist. Viele Menschen haben den Eindruck, sie seien ihrer Situation völlig hilflos ausgeliefert und alles sei so hoffnungslos oder bedrohlich, daß sie jeglichen Willen verlieren, dem Sturm zu trotzen. Sie lehnen geistliche Lösungen für ihre Probleme ab und versinken deshalb langsam in der tosenden See der Depression.

In seinem Buch *How to Win over Depression* zeigt Dr. Tim LaHaye auf, daß die Depression eines Menschen nicht auf den geistigen und seelischen Bereich beschränkt bleibt, wenn dieser Prozeß des Absinkens einmal begonnen hat. Nach und nach kann sie auf heimtückische Weise unsere körperliche Gesundheit beeinträchtigen. In diesem Zusammenhang nennt er die sechs häufigsten Auswirkungen der Depression:

1. *Gestörtes Schlafverhalten.* Schlafgewohnheiten werden durcheinandergebracht. Obwohl im Einzelfall bei depressiven Menschen ein übersteigertes Schlafbedürfnis auftreten kann, leiden jedoch die meisten von ihnen unter Schlaflosigkeit.

2. *Apathie, Lethargie, Lustlosigkeit.* Depression führt dazu, daß Menschen sich schon am Morgen müde fühlen und daß ihnen den ganzen Tag jeglicher Antrieb fehlt.

3. *Appetitlosigkeit.* Essen verliert für den depressiven Menschen seine Anziehungskraft. Wenn dieses Problem nicht angemessen bewältigt wird, kann ein Mensch unter schwerwiegenden Gewichtsverlusten leiden.

4. *Verlust des Sexualtriebes.* „Alle Antriebsfunktionen oder grundlegenden Aktivitäten kommen bei einem depressiven Menschen zum Stillstand", bemerkt Dr. LaHaye. »Dies gilt auch für den Sexualtrieb, besonders bei Frauen. Manche Frauen leiden so sehr unter Depressionen, daß sogar der Menstruationszyklus aufhört.«

5. *Ungepflegte Erscheinung.* Der Verlust der Antriebskraft, der mit dem geringen Selbstwertgefühl des depressiven Menschen in Zusammenhang steht, ruft bei den Betreffenden Gleichgültigkeit in Fragen der persönlichen Hygiene hervor. Das kann eine ganze Reihe von Problemen – von Läusen bis Fußpilz – zur Folge haben.

6. *Andere körperliche Beschwerden.* Dr. LaHaye führt einige andere durch Depression ausgelöste körperliche Krankheiten auf: Müdigkeit, Schwäche, Schmerzen, Schwindelgefühle, Herzklopfen, Beklemmungsgefühle in der Brust, Atembeschwerden, Kopfschmerzen, Verstopfung, Sodbrennen und Schweißausbrüche.

Zweifellos ist die Depression ein Gemütszustand mit schwerwiegenden körperlichen Folgen. Sie ist jedoch keineswegs eine automatische, unvermeidliche Reaktion auf die stürmischen Abschnitte des Lebens. Wie bei Schuld, Habgier oder Unzufriedenheit kann man auf gesunde oder auf ungesunde Art mit dieser möglicherweise schädigenden Gemütserregung umgehen. Gott hat ein Rezept gegen die Depression, die durch außergewöhnlich schwierige Lebenssituationen hervorgerufen wird.

GOTTES REZEPT GEGEN DEPRESSIONEN

Es gibt zwei mögliche Reaktionen auf bedrückende Lebensumstände. Bedauerlicherweise mußte ich feststellen, daß viele Menschen, die in meine Praxis kommen, den ungesündesten bzw. den „falschen Weg" wählen.

Heute nachmittag saßen zwei Schwestern mittleren Alters im meiner Praxis. Ich mußte sie davon in Kenntnis setzen, daß ihre Mutter voraussichtlich an nicht heilbarem Krebs sterben würde. Wie man sich vorstellen kann, brachen sie beide sofort in Tränen aus. Sie weinten jedoch nicht, weil sie den Tod ihrer Mutter fürchteten. Diese beiden Frauen gaben zu, daß sie sich *schuldig* fühlten. In den letzten Jahren hatten sie sich ihrer alten Mutter gegenüber unfreundlich und lieblos verhalten. Als sie nun erkannten, daß sie bald sterben würde, bereuten sie die harten Worte, die sie ihr gegenüber geäußert hatten. Sie hätten alles dafür gegeben, sie noch einige Jahre am Leben zu erhalten, um alles wieder gutzumachen.

An der Reaktion dieser Frauen konnte ich erkennen, daß die Saat späterer Depressionen ausgesät war. Sollte es ihnen nicht gelingen, diesem Sturm standzuhalten, werden sie für den Rest ihres Lebens gegen Gefühle der Minderwertigkeit und der Schuld anzukämpfen haben. Sie werden einen großen Teil ihres Lebens unter Depressionen leiden.

Wie kann ein Mensch nun solch einem gefühlsmäßigen Sturm standhalten? Was hat die Schrift uns zu diesem Thema zu sagen? Der Apostel Paulus war sicherlich einzigartig im Überstehen von Stürmen. Denken Sie nur an seine Aufzählung durchlittener Erfahrungen:

„Fünfmal habe ich von den Juden die neununddreißig Schläge erhalten. Dreimal wurde ich von den Römern ausgepeitscht, und einmal hat man mich gesteinigt. Dreimal habe ich Schiffbruch erlitten; einmal trieb ich sogar einen Tag und eine ganze Nacht hilflos auf dem Meer“ (2. Korinther 11, 24-25; H.f.a.).

An keiner Stelle deutet Paulus bei dieser Beschreibung seiner Leiden an, daß seine persönlichen Stürme ihn einmal in die Depression führten. Statt dessen erzählt er beinahe überschwenglich von der Drangsal, die er durchlitt. Was war der Schlüssel zu seinem unerschütterlichen Willen zum Durchhalten? Paulus erkannte, daß Gott jeden Sturm, in den er geriet, sei es in Gegenwart oder Vergangenheit, unter Kontrolle hatte.

Derselbe Gott, der das Universum in seiner Hand hält, kennt auch unsere Anfechtungen ganz genau. Er wird es nicht zulassen, daß wir in eine Versuchung geraten, die wir nicht ertragen können (1. Korinther 10,13). Wenn wir uns bewußt sind, daß Gott auch Herr über die Stürme unseres Lebens ist, ist dies die Grundlage und die Quelle jener Kraft, die uns stark macht.

Paulus schien sich dieser Tatsache bewußt zu sein. In der Apostelgeschichte lesen wir, daß der Apostel sich einmal auf einem Schiff befand, das in einen schrecklichen Sturm geriet. Das Unwetter war sogar so stark, daß Lukas (der von diesen Ereignissen berichtet) feststellt: „... der Orkan tobte so heftig weiter, daß schließlich keiner mehr an eine Rettung glaubte“ (Apostelgeschichte 27,20; H.f.a.). Kann es eine bedrohlichere Situation geben? Inmitten des tobenden Sturmes jedoch verkündete Paulus, daß Gott ihm in seiner Gnade verheißen hatte, daß niemand auf dieser

Fahrt verlorengehen würde (Verse 23-24). Wie konnte der Herr solch ein kühnes Versprechen geben? Er konnte es, weil er den Sturm völlig unter Kontrolle hatte. Er allein hatte die Macht, den Sturm anschwellen oder abklingen zu lassen.

Leider lassen wir meistens in unseren Stürmen diese Tatsache außer acht. Statt dessen nehmen wir dieselbe Haltung ein wie Lukas: Wir glauben nicht mehr an unsere Rettung. Daher machen wir es uns recht gemütlich im Lehnstuhl der Enttäuschung, der Furcht und der Depression – und warten nur noch auf das Schlimmste.

Dieses Verhalten steht ganz offensichtlich im Gegensatz zu dem Ratschlag des Paulus. Anstatt nur hilflos dem Sturm unsere eigenen Waffen entgegenzustrecken, sollten wir erkennen, daß Gott uns oft in solche Situationen stellt, um uns damit näher zu ihm zu ziehen. Wenn wir uns unsere Schwäche eingestehen – wenn wir anerkennen, daß unser Ich, unser Stolz und unsere Fähigkeiten uns nicht retten können –, *dann* können wir lernen, uns an Gott zu wenden und anerkennen, daß er der Herr über den Sturm ist. Selbst der Wind ist seinem Befehl untertan.

SEINE GEGENWART IM STURM

Jetzt denken Sie vielleicht: *Da Gott den Sturm unter Kontrolle hat, weiß ich nun, daß meine persönlichen Schwierigkeiten nicht von einem grausamen und unpersönlichen Schicksal herrühren. Aber wie kann mir dieses Wissen helfen, meinen Sturm zu überstehen?*

Die Erkenntnis, daß Gott auch in schwierigen Zeiten die Lage unter Kontrolle hat, bietet uns allein keinen dauerhaften Trost. Wir müssen auch verstehen, daß wir in jedem unserer Stürme mit der *Gegenwart* und *Fürsorge* Gottes rechnen können.

In Apostelgeschichte 27 wird Gottes persönliche Fürsorge im Sturm des Paulus deutlich: Der Herr sandte einen Engel, um dem Apostel zu sagen, daß Passagiere und Mannschaft das Unwetter und die Wellen überleben würden (Apostelgeschichte 27, 23-24). Als Daniel in der Löwengrube eingeschlossen war (Daniel 6, 22) und Petrus im Gefängnis gefangengehalten wurde (Apostelgeschichte 12,11), erschienen Engel, um den Menschen die Gnade, den Schutz und die Fürsorge Gottes zuteil werden zu lassen.

Es ist wahrscheinlich schon eine Weile her, daß ein Engel bei Ihnen zu Hause erschien, um Ihnen zu helfen, eine Attacke der Niedergeschlagenheit abzuwehren. Aber das bedeutet keinesfalls, daß Gott in Ihren Stürmen nicht gegenwärtig ist.

Dan, ein Bekannter von mir, durchlitt kürzlich einen der schmerzlichsten inneren Stürme, die ein Mensch ertragen kann – Scheidung. „Es gab Tage, an denen ich glaubte, ich würde es nicht schaffen", sagte er mir vor einigen Wochen. „Es gab Tage, an denen ich auf mein Leben zurückblickte und mich fragte: *Soll das das Ergebnis von zwanzig Jahren Ehe sein? War all das vergebens?*"

In den Monaten nach seiner Scheidung durchquerte Dan das Niemandsland der Depression. Als er schließlich dachte, er könne seine Lebensfreude niemals wiedergewinnen, lud ihn ein Freund in einen Gottesdienst ein. „Ich weiß, es klingt melodramatisch", sagt Dan, als er von diesem Gottesdienst erzählt. „Aber als ich den Gottesdienst – und danach noch weitere – besuchte, erkannte ich, daß Gott die Leere in meinem Leben ausfüllen konnte. Ich wußte, daß ich ihm etwas bedeutete, und dieses Wissen veränderte alles."

In unseren Stürmen sind wir niemals allein. Gott ist wie ein liebender Vater an unserer Seite, um uns zu tragen, wenn wir fallen.

DIE GRUNDLAGEN ERARBEITEN

Im Frühjahr und Sommer 1984 hatte jeder im Raum Chikago von der Baseball-Saison der Cubs gehört. Die Cubs hatten eine überraschend erfolgreiche Saison. Sie gewannen in der Nationalliga des Ostens und spielten zum ersten Mal seit beinahe vierzig Jahren um die Meisterschaft. Leider verlor das Team schließlich in einem mitreißenden Entscheidungsspiel gegen die *San Diego Padres.*

Eines Tages hörte ich beim Mittagessen, wie sich zwei der Sportfans über den Aufstieg und den Fall der *Wrigley Field Wonders* unterhielten: „Nun", sagte einer, „ich glaube, in ihrem Frühjahrstraining im nächsten Jahr müssen sie sich einfach die Grundlagen wieder neu erarbeiten."

Die Grundlagen erarbeiten – wie wichtig ist es für sturmgeprüfte Christen, dieses Konzept zu verstehen. Wenn das Leben uns seine tückischsten Bälle entgegenschleudert, müssen wir uns auf die Grundlagen unseres Glaubens besinnen.

So können wir im Sturm zum Beispiel die Gelegenheit ergreifen, unsere persönliche Hingabe an Gott neu zu bekräftigen. In Zeiten, in denen wir überaus niedergeschlagen, vollkommen besiegt oder deprimiert zu sein scheinen, haben wir die Gelegenheit, unsere völlige Abhängigkeit vom Herrn zu verstehen. Da wir Paulus in diesem Kapitel schon mehrmals als gutes Beispiel angeführt haben, wollen wir uns ihm noch einmal zuwenden. Es gibt zwar einen heftigen Gelehrtenstreit darüber, was der „Dorn im Fleisch“ des Paulus eigentlich war. Es steht jedoch fest, daß der Apostel auf dieses Problem auf zweierlei Weise hätte reagieren können. Er hätte über seine anhaltenden Beschwerden zornig werden können. Statt dessen beschloß er, in dieser stürmischen Zwangslage seine völlige Abhängigkeit von Gott anzuerkennen und sich erneut zum Dienst für ihn zu verpflichten. Da sagte der Herr zu Paulus:

„Laß dir an meiner Gnade genügen, denn meine Kraft wird in der Schwachheit vollkommen!“ (2. Korinther 12,9). In der Reaktion von Paulus auf diese Aussage kommt jene Haltung zum Ausdruck, die jeder Christ anstreben sollte, wenn er in einem Sturm bestehen will:

Darum will ich mich am liebsten vielmehr meiner Schwachheiten rühmen, damit die Kraft Christi bei mir wohne. Darum habe ich Wohlgefallen an Schwachheiten, an Mißhandlungen, an Nöten, an Verfolgungen, an Ängsten um Christi willen; denn wenn ich schwach bin, dann bin ich stark (2. Korinther 12, 9-10).

Paulus nutzte eine schlimme Situation, um mehr über ein grundlegendes Element seines Glaubens zu lernen. Er nutzte einen Sturm, um seine Hingabe an Christus zu vertiefen.

Um angemessen auf Stürme reagieren zu können, müssen wir uns zwei Dinge vor Augen halten. Gott ist nicht nur der *Meister* unserer Stürme, sondern er ist auch *größer* als diese Stürme. Ich glaube, an keiner Stelle kommt diese Tatsache eindrucksvoller zum Ausdruck als in Markus' Bericht von der wunderbaren Begebenheit, als Christus auf dem sturmbewegten Wasser des Sees Genezareth wandelte (Markus 6, 45-52).

Als die Wellen am Boot hochschlugen und die Jünger vor Furcht erzitterten (wie ähnlich reagieren wir doch in persönlichen Krisen), erschien Jesus auf dem Wasser und richtete Worte des Trostes an seine Jünger. In dem Verhalten unseres Herrn kam eine tiefe Symbolik zum Ausdruck: Christus schritt genau über die Sache hinweg, die den Jüngern solche Angst bereitete. Dies war ihm möglich, weil er als der Schöpfer größer ist als jedes Element seiner Schöpfung. Als unser Herr ist er größer als jedes Problem, das uns in dieser von ihm geschaffenen Welt bedrängen kann.

Gott überwacht und beherrscht jeden Sturm, in den wir geraten, und er kann ihm Einhalt gebieten. Wenn wir sein Rezept auf solche Lebenssituationen anwenden, kann unser Leben ganz neue Dimensionen erreichen. Wenn wir uns an Gott wenden, wird das unserer geistlichen Gesundheit zweifellos zugute kommen. Dies wiederum kann uns helfen, dem Dämon der Depression, der unserem Körper schaden will, aus dem Weg zu gehen.

8 Unser Dienst nach Gottes Plan

Wir sind nichts als das Instrument des Himmels.
Unser Werk ist nicht Entwurf, sondern Schicksal.
Owen Meredith, *Clymenestra*

Nach fünfundvierzig Jahren Dienst in derselben Werkzeugfirma wurde Howard schließlich pensioniert. Die Firma gab ein Essen für ihn, und man überreichte ihm die traditionelle goldene Armbanduhr. Vierzehn Tage später zogen Howard und seine Frau Bernice wie viele ältere Menschen nach Florida.

Zum ersten Mal seit beinahe einem halben Jahrhundert hatte Howard viel Zeit. Er begann zu fischen, aber nach einigen Monaten war er es leid. Da er nichts anderes zu tun hatte, verbrachte er den größten Teil des Tages zu Hause bei seiner Frau Bernice. Aber Bernice hatte sich daran gewöhnt, ihre Tage als Hausfrau allein zu verbringen und hatte einen auf sie ganz persönlich zugeschnittenen Zeitplan entwickelt. Es war zwar schön, ihren Ehemann immer um sich zu haben, so dachte sie, aber irgendwie war er ihr doch im Weg. Howard spürte schließlich ihr Unbehagen, und weil er sich allmählich wie ein Fremder in seinem eigenen Haus fühlte, unternahm er tägliche Spaziergänge zu einem nahegelegenen Einkaufszentrum. Dort saß er dann stundenlang herum – er beobachtete die Menschen und hing seinen eigenen Gedanken nach – Tag für Tag. Anderthalb Jahre, nachdem er seine goldene Uhr erhalten hatte, starb Howard an Darmkrebs.

Sein Schicksal ist leider kein Ausnahmefall. Jedes Jahr muß ich erleben, wie Menschen, die mir persönlich bekannt sind oder von denen man mir berichtet, bald nach ihrer Pensionierung sterben. Das Merkwürdige daran ist, daß viele dieser Menschen vor ihrer Pensionierung ganz gesund waren. Woran sind sie denn gestorben? An einem bis jetzt unbekannten Syndrom, das nur Bürger im Rentenalter befällt?

Nein, keineswegs. Sogar jüngere Menschen können krank werden, wenn sie von dieser Krankheit angefallen werden. Wie sie heißt? Nun, sie hat verschiedene Namen: Ziellosigkeit, Stagnation, Lethargie. Es handelt sich dabei um das beklemmende Gefühl, daß das eigene Leben kein Ziel oder keinen Sinn mehr hat. Dem davon betroffenen Menschen fehlt ein

Lebensziel, das ihn motiviert. Howard hatte mit dem Verlust seiner Arbeit sein Lebensziel verloren. Er entwickelte auch keine genauen Pläne für die Zukunft, und so schwand seine körperliche Gesundheit allmählich durch Nichtstun dahin. Das schwächte sein Immunsystem und machte seinen Körper damit immer anfälliger für Krebs.

In den letzten sieben Kapiteln sind wir auf die verschiedenen Gefühle und Einstellungen eingegangen, die unsere geistliche und körperliche Gesundheit beeinträchtigen können. Wir sprachen auch über besondere geistliche Rezepte, die zur Heilung dieser Krankheiten beitragen sollen.

Im letzten Teil des Buches jedoch möchte ich mich nahezu ausschließlich auf die Untersuchung von Vorstellungen, Gedanken und Wesensmerkmalen konzentrieren, die unsere geistliche Gesundheit *stärken* können und damit auch unser körperliches Wohlbefinden verbessern. Der beste Ausgangspunkt dafür ist zweifellos die Frage, wie wir durch die Kenntnis und die Anerkennung des Willens Gottes in unserem Leben auf neue Ebenen der Gesundheit gelangen können.

ICH HABE PLÄNE MIT DIR

Angenommen, Howard wäre Christ gewesen und hätte erkannt, daß Gott mit seinem Leben etwas Besonderes vorhatte. Hätte ihn das vor dem Gefühl der Sinnlosigkeit bewahrt, das der Schriftsteller Rodger Rosenblatt als die „innere Leere und Teilnahmslosigkeit" bezeichnet, „die einen großen Teil unseres modernen Lebens charakterisiert"? Ich bin davon überzeugt. Möglicherweise hätte er auch seine schwere Krankheit abwehren können. Natürlich setzt meine Annahme etwas Wichtiges voraus – daß Gott tatsächlich einen ganz bestimmten Plan mit jedem seiner Kinder hat. Zu diesem Punkt macht die Schrift hilfreiche und klare Aussagen. Im Buch Jeremia erklärt der Herr:

Denn ich weiß, was für Gedanken ich über euch habe, spricht der Herr: Gedanken des Friedens und nicht des Leides, euch eine Zukunft und eine Hoffnung zu geben (Jeremia 29,11).

In seinen Briefen spricht auch der Apostel Paulus dieses Thema mehrmals an:

Wir aber wollen uns nicht über das Maß hinaus rühmen, sondern nur in dem Maß, wie uns Gott hat zugemessen das Arbeitsfeld... (2. Korinther 10,13; Luther).

Ich zog aber hinauf infolge einer Offenbarung... (Galather 2,2).

...denn Gott ist es, der in euch sowohl das Wollen als auch das Vollbringen wirkt, nach seinem Wohlgefallen (Philpper 2,13).

Jedem dieser Verse liegt eine ganz bestimmte bemerkenswerte Wahrheit zugrunde: Gott hat einen Plan für unser Leben, den er uns gerne mitteilen möchte. Das Wissen, daß Gott einen vorherbestimmten Plan für uns hat – selbst wenn wir diesen Plan nur sehr begrenzt und bruchstückhaft verstehen –, kann sich positiv auf unser gesamtes Leben auswirken. Dieses Wissen kann uns geistliche Zufriedenheit schenken, die für einen guten Gesundheitszustand von entscheidender Bedeutung ist.

PLAN UND ZIEL

Nehmen wir an, Sie als wachsender, heranreifender Christ glaubten zu wissen, was Gott an diesem Punkt Ihres Lebens von Ihnen erwartet. Vielleicht sollen Sie studieren, um später einmal Ingenieur zu werden. Vielleicht ist es sein Wille, daß Sie Hausfrau sind und Ihr Heim für einen wöchentlichen Bibelkreis zur Verfügung stellen. Vielleicht besteht sein Plan darin, daß Sie als Pensionär oder Rentner Ihre lang vernachlässigten Talente als Schriftsteller oder Maler entwickeln.

Was immer wir tun, wir sollten stets daran denken, daß unser Leben und unsere Arbeit Teil seiner göttlichen Bestimmung für uns sind – und wir sollten so leben, daß wir diesen Plan erfüllen. Dieses Bewußtsein wirkt sich auf verschiedene Weise auf unser Leben aus. Wenn wir seinem Willen gehorsam sein wollen, müssen wir zunächst einmal unsere Aktivitäten und unsere Arbeit von Gott planen und bestimmen lassen. Wenn wir also Gott aufrichtig nach seinem Willen für unser Leben fragen, müssen wir unsere Tage entsprechend einrichten und planen, daß wir seinen geoffenbarten Plan für uns auch verwirklichen. Wie das Zitat zu Beginn dieses Kapitels andeutet, sollten unseren Bemühungen nicht unsere eigenen Vorstellungen oder Lebensentwürfe zugrunde liegen. Vielmehr sollten sie ganz bewußt unserem Wunsch entspringen, ein Gott wohlgefälliges Leben zu führen. Wenn wir dies außer acht lassen und versuchen, einen Lebenspfad einzuschlagen, der nicht mit Gottes Willen für unser Leben übereinstimmt, werden unsere Bemühungen in der Enttäuschung enden.

Ein Freund erzählte mir vor kurzem von einem jungen Mann, der diese Lektion auf sehr schmerzvolle Weise lernen mußte. Schon seit Jahren wußte er in seinem Herzen, daß Gott ihn zum Pastor berufen hatte. Aber er war auch ein hervorragender Sportler, der von verschiedenen professionellen Fußballmannschaften umworben wurde. In seinem Inneren tobten heftige Kämpfe. Die Mannschaften boten ihm Hunderttausende von Dollar, wenn er als Profi-Fußballer in ihrer Mannschaft spielte.

Aber was bot Gott ihm? Ein Leben der geistlichen Erfüllung, soviel stand fest, aber auch eine Zukunft voller Opfer.

Um es kurz zu machen: Der junge Mann entschloß sich für eine Karriere als Fußballspieler. Gott hatte einen bestimmten Plan für sein Leben, aber er entschied sich für den entgegengesetzten Weg. Am Ende der ersten Spielsaison jedoch waren seine Spiele so enttäuschend, daß seine Mannschaft auf ihn verzichtete. Darüber hinaus war er durch mehrere Verletzungen unweigerlich in die Kategorie „beschädigtes Inventar" geraten. Als Folge davon wollte keine andere Mannschaft den jungen Mann unter Vertrag nehmen. Heute besucht er endlich das Predigerseminar und ist – ob Sie es glauben oder nicht – viel glücklicher.

Ich weiß, daß diese Geschichte so klingt wie das Drehbuch eines sensationell aufgemachten Films. Aber um mit den Worten des Psalmisten zu sprechen: Gott kannte diesen jungen Mann bereits vor seiner Geburt und hat jeden Tag seines Lebens geplant (Psalm 139,16). Er mußte jetzt lernen, sein Leben nach dieser göttlichen Planung einzurichten und zu bestimmen. Als er das tat, konnte er im Frieden mit Gott und mit sich selbst leben. Dabei war es eigentlich nebensächlich, daß er diese Wahrheit auf eine recht dramatische Art und Weise erfuhr. Manchmal muß Gott uns einen kräftigen Wink mit dem Zaunpfahl geben, damit wir ihm Aufmerksamkeit schenken!

AUF DEN RICHTIGEN ZEITPLAN KOMMT ES AN

Es stimmt zwar, daß Gott einen Plan für seine Kinder hat, aber wir sollten diese Aussage nicht so deuten, als könnte er unsere Berufung niemals ändern, wenn wir seinem Willen in einer bestimmten Situation gehorsam sind. Wenn wir aufrichtig Gottes Willen gehorsam sein wollen, müssen wir es zulassen, daß unsere Aktivitäten von Gott geplant und gegebenenfalls sogar von Gott unterbrochen werden. Nehmen wir zum Beispiel Amos. Er war ein Hirte in der judäischen Stadt Tekoa und folgte Gott gehorsam. Dieser Mann erhielt von einem Tag zum anderen die Berufung, ein feuriger Prophet zu sein. Oder nehmen wir zum Beispiel George Beverly Shea. Er hatte an einem bestimmten Punkt seines Lebens den Eindruck, es sei Gottes Wille für sein Leben, daß er als Versicherungsvertreter arbeitete. Heute erreicht er mit seinen Liedern Millionen Menschen durch seine Arbeit mit der Billy Graham Association.

In diesem Zusammenhang denke ich auch an John Sung. John war ein chinesischer Gentleman, der in den Vereinigten Staaten ein Studium absolviert hatte. Während seines Aufenthaltes dort wurde er Christ. Da man ihm bereits eine Professur an der angesehenen Beijing-Universität versprochen hatte, war John ursprünglich davon überzeugt, daß es Gottes Wille sei, daß er dort arbeitete. Aber im Laufe der Zeit erkannte John, daß der Herr ihn vielleicht an einem anderen Ort gebrauchen wollte.

Als er schließlich mit dem Schiff nach China zurückkehrte, wußte John, daß Gott ihn jetzt in einen vollzeitlichen christlichen Dienst berief. An dem Morgen, als das Schiff in Shanghai anlegen sollte, stand er früh auf und ging an die Reeling des Schiffes. Dort warf er ganz ruhig seine Zeugnisse, Auszeichnungen und Berufsausweise über Bord. Sein zukünftiger Dienst für Jesus Christus war ihm wichtiger als ein Zeugnis oder das Prestige einer Position an der Universität. Wenn Gott eines Tages wollte, daß er wieder eine akademische Position ausübte, wäre John damit einverstanden gewesen, aber er erkannte, daß Gott ihn jetzt dazu berief, als Evangelist zu arbeiten. John erkannte auch, daß die Unternehmungen eines Christen manchmal von Gott unterbrochen werden – in seinem Fall unterbrach der Herr eine verheißungsvolle akademische Laufbahn, damit er einen anderen Pfad einschlagen konnte.

ERFÜLLT VON INNEREM FRIEDEN

Wenn wir danach streben, daß unsere Arbeit und unsere Aktivitäten von Gott geplant, von Gott bestimmt und nach Gottes Zeitplan ausgerichtet sind und sogar von Gott unterbrochen werden können, wird unser ganzes Leben von dem Bewußtsein der göttlichen Bestimmung erfüllt. Wir werden dann erkennen, daß wir in allen unseren Unternehmungen die Gelegenheit haben, an seinem wunderbaren, ehrfurchtgebietenden, göttlichen Plan teilzuhaben. Selbst weltliche Psychologen haben herausgefunden, daß das Gefühl geistigen Wohlbefindens, das dem Bewußtsein entspringt, mit dem eigenen Leben zufrieden zu sein, ein hervorragendes vorbeugendes Mittel gegen Krankheit ist.

Wie Howards Fall beweist, erkennen viele Menschen nicht, darunter auch Christen, daß Gott einen Weg für ihr Leben bestimmt hat (Psalm 139,3) und daß er ihre Zukunft in seiner Hand hält. Solche Menschen sehen oft in ihrem Leben und in ihrem ganzen Wirken kein festes Ziel und keinen Sinn.

Shakespeares Macbeth nannte das Leben eine bedeutungslose Geschichte, voller Lärm und Raserei, die von einem Narren erzählt wird. Viele Gelehrte haben behauptet, die Weltgeschichte sei ein endloser

Zyklus von Ereignissen, dem keinerlei wahre Bedeutung innewohnt. Im Hinblick auf diese Weltsicht deutete der französische Philosoph Jacques Ellul darauf hin, daß solch eine Einstellung unweigerlich Auswirkungen auf das Selbstbild eines Menschen in der Gesellschaft haben muß. Solch eine Haltung kann dazu führen, daß ein Mensch sich anderen und seiner Arbeit entfremdet. Es kann schließlich sogar dazu führen, daß ein Gefühl der „inneren Abwesenheit" entsteht.

Wer so empfindet, wird natürlich in den meisten Fällen am Leben verzweifeln. Angesichts der körperlichen Auswirkungen der Unzufriedenheit und der Depression ist leicht ersichtlich, warum diese Gefühle oft so schädlich für unseren Körper sind.

Aber der Mensch, der weiß, daß Gott einen Plan für sein Leben hat und daß die Geschichte auf die Wiederkunft Christi hinsteuert, bleibt vor solchen Irrwegen der Verzweiflung bewahrt. Gott wird jenen Menschen wunderbaren Frieden schenken, deren Denken beständig auf die Tatsache seiner Gnade und Fürsorge gerichtet ist (Jesaja 26, 3).

IN MEINEM LEBEN

Wenn wir unser Leben überdenken, können wir Ereignisse erkennen, gewisse persönliche Meilensteine, die uns helfen, Gottes Willen zu verstehen und zu schätzen. Eine besonders denkwürdige Predigt, ein persönliches Gespräch mit einem vertrauten Freund oder ein Augenblick in der Einsamkeit eines Berggipfels können uns helfen, die Türen zu unserer Seele aufzustoßen.

Durch meine eigenen persönlichen Erfahrungen wurde mir bestätigt, daß mein Dienst für Gott seinem Plan und seiner Bestimmung für mein Leben entspringt. Da Gott mich schon im Mutterleib kannte, bewahrte und beschützte er mich, damit ich ihm dienen konnte. Ich kann ohne Vorbehalte sagen, daß ich nicht mehr am Leben wäre, wenn der Herr mich nicht bewahrt hätte. Und glauben Sie mir, man lernt auf äußerst dramatische Weise, daß Gott einen Plan für das eigene Leben hat, wenn man den eisernen Klauen des Todes entrissen wird. Wenn es keine göttliche Bestimmung für mein Leben gäbe, warum wäre dann mein Leben so oft geschont worden? Das kann man sicherlich nicht als reinen Zufall bezeichnen. Der britische Schriftsteller und Politiker Benjamin Disraeli bemerkte sehr treffend: „Ein beständiger Mann glaubt an seine Bestimmung, ein unberechenbarer Mann dagegen an den Zufall" (Vivian Grey VI).

Schon in meiner Kindheit wachte der gnädige Gott über meinem

Leben. Lassen Sie mich einige meiner Kindheitserfahrungen beschreiben: Im Alter von fünf Jahren reiste ich mit meiner Familie auf einem britischen Passagierschiff von Yokohama in Japan nach Tianjin in Nordchina. Wir segelten im Winter, und das Gelbe Meer wurde zu dieser Jahreszeit von heftigen Stürmen und tückischen Eisschollen heimgesucht. Einmal deutete der erfahrene Kapitän des Schiffes sogar an, daß wir mit Sicherheit sinken würden, bevor wir den Hafen erreichten. Ich werde nie die bittere Bemerkung vergessen, die er machte, als das Eis uns immer enger einschloß: „Passagiere, legt eure Rettungswesten an – was immer es auch nützen mag."

Trotz des Sturms gelang es uns, unbeschadet ans Ufer zu gelangen. Gott hatte einen Plan für mein Leben. Ein Jahr später lebte ich in einer Missionssiedlung in der Shandong-Provinz in China. In der Nähe unserer Siedlung waren neunzehn Brunnen gegraben worden, die man eher als Löcher in der Erde bezeichnen konnte und die die Gegend mit Wasser versorgen sollten. Im Gegensatz zu amerikanischen Brunnen waren diese nicht von Steinmauern umgeben, und meine Mutter warnte mich beständig davor, ihnen zu nahe zu kommen. Aber wie jeder Sechsjährige, konnte ich der Versuchung nicht widerstehen, den Spaß mitzuerleben, als andere Missionskinder Steine in die Brunnen warfen, die dann mit einem dumpfen, unheimlichen Geräusch auf der Wasseroberfläche aufprallten.

Einmal spielten mein Freund und ich in der Nähe eines großen Brunnens, der neben zwei kleineren lag. Als mein Gefährte einen großen Stein in den größeren Brunnen warf, sprang ich zurück, um nicht getroffen zu werden, und fiel in einen der anderen Brunnen hinein.

Ich erkannte sofort, in welch ernste Zwangslage ich geraten war. Das Wasser in den flaschenförmigen Brunnen war ungefähr eineinhalb bis zwei Meter tief, und ich konnte kaum meinen Kopf über Wasser halten. Verzweifelt suchten meine Füße Halt in der Mitte des Brunnens, wo ich die von uns hineingeworfenen Steine vermutete.

In der Zwischenzeit war der Junge, der meinen überraschenden Sturz verursacht hatte, zu meiner Mutter gelaufen, um ihr zu erzählen, was geschehen war. Er war jedoch über den Vorfall so erschüttert, daß er sich nicht mehr erinnern konnte, in *welchen* Brunnen ich gefallen war. Daher lief meine Mutter rasch hinaus und begann, in *jedes* der neunzehn Löcher hineinzuschauen. Als ob alles nicht schon schlimm genug war, wurde es noch verwirrender durch die Tatsache, daß die Brunnen von einer unterirdischen Quelle gespeist wurden, so daß kleine Luftblasen an die Oberfläche stiegen. Als meine arme Mutter in die einzelnen Brunnen hinunterschaute, konnte sie nicht erkennen, ob die Luftblasen von der Quelle stammten oder aus den Lungen ihres Sohnes. Schlauerweise kam sie auf den Gedanken, einfach meinen Namen zu rufen. Schließlich gelang es mir, einen erstickten Hilferuf auszustoßen.

Ich wurde natürlich gerettet, denn Gott hatte einen Plan für mein Leben. Bald darauf war ich an Diphtherie erkrankt, die ich mir bei einer Epidemie zugezogen hatte, die in meinem Internat ausgebrochen war. Diese Krankheit ist in den Vereinigten Staaten zwar recht selten, aber sie ist sehr gefährlich. In ihrem schlimmsten Stadium legt sich eine Membrane über die Luftröhre des Kranken. Das hat gewöhnlich den Tod durch Ersticken zur Folge. Wenn der Kranke Glück hat und der Erstikkungstod nicht eintritt, kann die Diphtherie noch auf eine andere tödliche Art zuschlagen: durch Entzündung des Herzmuskels. Der Tod tritt dann durch Myokarditis ein – eine Schwächung des Herzmuskels.

Glücklicherweise schlug die Behandlung, die ich bekam, bei mir an: Gott hatte einen Plan für mein Leben.

Nachdem wir China verlassen hatten, waren meine Familie und ich im Jahre 1940 in einem Zug auf dem Weg nach Philadelphia. Mein Vater hatte Verwandte in dieser Stadt, und wir wollten ihnen einen kurzen Besuch abstatten. Im selben Wagen befand sich jedoch auch ein verurteilter Mörder, der zu einer Strafanstalt im Osten des Landes gebracht werden sollte.

Ich saß ganz ruhig da und schaute zum Fenster hinaus, als ich plötzlich hörte, daß einige Reihen hinter uns große Unruhe entstand. Eine Sekunde später löste sich ein Schuß. Bevor ich reagieren konnte, zischte ein Geschoß nur wenige Zentimeter an meinem Kopf vorbei und schlug in das Fenster neben mir ein. Der Verbrecher hatte sich offensichtlich entschlossen, einen – nebenbei gesagt, erfolgreichen – Ausbruch zu wagen. Bei diesem unvorhergesehenen Abgang hatte er eine Waffe abgefeuert, dic er seinem Bewacher entrungen hatte.

Zum Glück sollte ich nicht ein weiteres Opfer dieses Mörders werden: Gott hatte einen Plan für mein Leben.

Nach all diesen aufregenden Erlebnissen in meinen ersten Lebensjahren gelang es mir tatsächlich, die Zeit bis zu meinem dreizehnten Geburtstag ohne solch interessante Situationen zu überstehen. Nach dem Zweiten Weltkrieg kehrten meine Familie und ich nach China zurück – aber auf dem Weg dorthin erwartete uns ein Abenteuer.

Wir hatten Pensacola in Florida verlassen, segelten durch den Panama-Kanal und legten vorübergehend in San Diego an. Dort begannen unsere Probleme. Die Mannschaft des Schiffes bekam nämlich Landurlaub, und wie es Seeleute gelegentlich zu tun pflegen, betranken sie sich sehr. Zur selben Zeit hielt sich eine Gruppe von Gewerkschaftsorganisatoren in

San Diego auf, und es war ihnen ein gefundenes Fressen, unsere betrunkene Mannschaft aufzuhetzen, gegen ihren Vorgesetzten - unseren Schiffskapitän - zu revoltieren.

Ein Mob von randalierenden Seeleuten brach bald über unser Schiff herein, das zu dem Zeitpunkt gerade aufgetankt wurde. Natürlich bot ihnen dieses Auftanken eine willkommene Gelegenheit, brennende Streichhölzer in die Laderäume mit dem Benzin zu werfen, um das Schiff in die Luft zu jagen. Als ob dies nicht verbrecherisch genug wäre, versuchte ein Seemann, den Schiffsingenieur zu erstechen. Als die Meuterei um uns herum zu toben begann, verbarrikadierten wir uns in unserer Kabine.

Schließlich zog der Kapitän eine Pistole hervor. Nachdem er einige gut gezielte Warnschüsse abgefeuert hatte, gelang es ihm, die Crew so weit zu beruhigen, daß wir in See stechen konnten. Natürlich herrschte auch für den Rest der Reise an Bord eine etwas gespannte Atmosphäre. Sie verschlimmerte sich zusehends, als durchsickerte, daß der Kapitän geplant hatte, zur Ankunft im Orient für seine Mannschaft ein kleines Kriegsgericht zu arrangieren. Freundlicherweise wies uns unser Kapitän an, nach Möglichkeit unsere Kabinen nicht zu verlassen. Ein verrückter Seemann könnte sich sonst spontan entschließen, seinem Ärger Luft zu machen, indem er ein oder zwei unglückselige Passagiere aufspießte.

Den Rest der Reise waren wir äußerst vorsichtig, und es gelang uns, unbeschadet unser Ziel zu ereichen. Aber das hätte mich eigentlich nicht allzusehr überraschen dürfen. Gott hatte schließlich einen Plan für mein Leben.

Vor nicht allzulanger Zeit fuhren mein Sohn und ich Kajak in der Gegend von St. John's Island in der Karibik. Plötzlich kam heftiger Sturm auf, und die Wellen türmten sich zu einer Höhe von viereinhalb Metern. Völlig erschöpft mußten wir fünf Stunden lang ständig gegen den Wind paddeln, damit wir nicht an die felsige Küste geschleudert wurden. Schließlich ließ eine große Welle unser Boot kentern. Wie sehr ich mich auch bemühte und um mich schlug, es gelang mir nicht, mich aus dem umgedrehten Kajak zu befreien. Durch Gottes Hilfe gelang es meinem Sohn, mich im allerletzten Moment zu retten. Wieder konnte ich sehen, daß Gottes Plan in meinem Leben noch nicht erfüllt war.

DIE LEKTION

Es ist zu hoffen, daß Sie nicht erst in einen Brunnen fallen oder eine Schiffsmeuterei erleben müssen, damit Sie zu der Überzeugung gelangen, daß Gott ein Ziel und einen Plan mit Ihnen hat. Es ist auch zu hoffen, daß Sie sich nicht dem Glauben hingeben, daß unser Gott zu klein ist, um die Ratlosigkeit und innere Leere zu überwinden, die so viele Menschen bedrückt. J. B. Philips bemerkte einmal:

„Viele Menschen haben heutzutage das Problem, daß sie keinen Gott gefunden haben, dessen Größe den Bedürfnissen unserer modernen Zeit gerecht wird. Ihre Lebenserfahrung ist in vielfacher Hinsicht gewachsen, und ihr geistiger Horizont hat sich erweitert. Staunend stehen sie vor den Weltereignissen und den wissenschaftlichen Entdeckungen, aber ihre Vorstellungen von Gott sind größtenteils unverändert geblieben" (*Your God is too small*; Wyvern Books, S.7).

Sie sollten nicht vergessen, daß all Ihre Handlungen Ziel und Zweck haben. Das Ziel besteht darin, Gott zu verherrlichen, Gemeinschaft mit ihm zu haben und ein von Gott bestimmtes und von Gott geleitetes Leben des Dienstes und des Gehorsams zu führen. Wir sollen danach streben, seinen Willen und unsere Bestimmung zu erkennen.

Innerer Friede und Zufriedenheit, die diesem Lebensstil entspringen, sind für eine gute Gesundheit von entscheidender Bedeutung. So mancher meiner Patienten, der die in diesem Kapitel dargestellten Erkenntnisse angenommen hatte, war in der Lage, die bereits erwähnten Einstellungen und Veranlagungen zu überwinden, die, wie wir gesehen haben, in die Krankheit führen können.

Das Wissen, daß Jesus Christus einen Plan für Ihr Leben hat, kann für Sie ein längeres Leben durch Gesundheit bedeuten. Leben Sie bereits in dem Bewußtsein, daß Gott einen Plan für Ihr Leben hat?

9 Über solche Dinge denke nach

Bestenfalls könnte man mich als einen sehr unregelmäßigen Fernsehzuschauer bezeichnen. Aber bei jenen seltenen Gelegenheiten, bei denen ich doch einmal das Fernsehgerät einschalte, bin ich seltsam von Sendungen fasziniert, die etwas mit Krankenhäusern oder Ärzten zu tun haben. Es ist sicherlich nicht die hochentwickelte Technologie oder die Vorstellung von den „hingebungsvollen, jungen Ärzten", die mich fesselt (ich halte mich im wirklichen Leben oft genug in Operationssälen auf). Nein, am interessantesten finde ich die Krankheiten, die in diesen Sendungen dargestellt werden.

Ich hörte einmal einen Medienberater sagen, daß das Fernsehen nicht notwendigerweise bestrebt ist, die Realität *darzustellen*, vielmehr möchte es seine eigene Realität *schaffen*. Wenn die Beschwerden, die täglich auf unseren Fernsehschirmen dargeboten werden, für dieses Land typische Krankheiten sein sollen, dann trifft die Beobachtung des Medienberaters ins Schwarze. Arztserien im Fernsehen konzentrieren sich nämlich mit Vorliebe auf Patienten mit exotischen, lebensgefährlichen, unbekannten Krankheiten – was nur allzu verständlich ist. Schließlich könnte man nur schwer ein hochdramatisches Drehbuch über den lebenslangen Kampf einer Frau gegen Heuschnupfen schreiben.

Es ist eine Tatsache, daß das Fernsehen bestrebt ist, *Spannung* zu erzeugen. Deshalb serviert man uns Geschichten von geheimnisvollen Mikroben, die aus Geheimlaboratorien der Regierung ausbrechen, und von Krankheiten, die nur Touristen befallen, die im Ganges waten.

Aber das ist nicht das wahre Leben. Die große Mehrheit meiner Patienten kommt nicht zu mir, weil sie von solchen schrecklichen Beschwerden befallen ist, wie sie sich die Drehbuchautoren einfallen lassen. In Wahrheit kommen nach meiner Schätzung ganze fünfundachtzig Prozent der Menschen mit weitaus durchschnittlicheren Beschwerden zu mir in die Sprechstunde: Magengeschwüre, erhöhter Blutdruck, Herzbeschwerden. Einer der Hauptgründe für diese Beschwerden liegt *nicht* darin, daß meine Patienten im Ganges herumplanschten, sondern darin, daß viele von ihnen mit einer oder mehreren der Gemütsbewegungen zu kämpfen haben, über die wir in diesem Buch gesprochen haben: Wut, Sorge, Schuld, Depression.

Ich habe bis jetzt in diesem Buch ausführlich verschiedene körperliche Beschwerden dargestellt, die durch solche Einstellungen und Gefühle hervorgerufen werden können. Aber beim Lesen des Kapitels über Habgier zum Beispiel ist Ihnen wahrscheinlich der Gedanke gekommen, daß nicht jeder, der habgierig ist, schließlich Alopezie bekommt. Diese Überlegung führt uns zu einer sehr einleuchtenden Frage: Was entscheidet eigentlich darüber, ob eine geistlich begründete Krankheit schließlich zu einem schwerwiegenden körperlichen Leiden führt oder ob lediglich weniger bedrohliche Beschwerden auftreten?

Ich glaube, daß eine schwerwiegende Beeinträchtigung des Gesundheitszustandes mit weitaus größerer Wahrscheinlichkeit dann eintritt, wenn ein Mensch sich *ständig* mit solchen negativen Gefühlsregungen wie Unzufriedenheit, Furcht oder Habgier beschäftigt. Diese Auffassung würde wenigstens teilweise erklären, warum Rockefeller unter Alopezie litt. Seine übermäßige Beschäftigung mit Geldangelegenheiten nahm ihn nahezu vierundzwanzig Stunden am Tag in Anspruch. Er gab sich so sehr seinen habgierigen Trieben hin, daß dadurch schließlich seine Gesundheit schweren Schaden nahm.

Wut, Sorge oder Haß können unter anderem deshalb schwere Krankheiten verursachen, weil der von solchen Gedanken beherrschte Mensch sich oftmals unablässig damit beschäftigt. Die *ständige Beschäftigung* mit negativen Gefühlen in seiner Gedankenwelt kann die Entwicklung einer Krankheit vorantreiben und sogar für die Schwere der Krankheit entscheidend sein.

BLICK NICHT AUF DIE WELT

Die Erkenntnis, daß unsere Gedanken unseren Gesundheitszustand beeinträchtigen können, ist ein wichtiger erster Schritt zum geistlichen und körperlichen Wohlbefinden. Wenn Sie aber ein Rezept finden möchten, das Ihnen hilft, Ihr Gedankenleben wieder in die richtigen Bahnen zu lenken, sollten Sie Ihren Blick nicht auf die Welt richten. Leider sind wir von Einflüssen umgeben, die dazu beitragen, unsere persönlichen Probleme nur noch zu verschlimmern. Denken Sie nur einmal darüber nach, auf welch vielfältige Weise unser Denken ständig negativ beeinflußt wird.

Tony, der sehr leicht erregbar ist (und was nicht überraschen sollte, unter einem Zwölffingerdarmgeschwür leidet), erhielt gestern seinen monatlichen Kontoauszug. Als er sah, daß er aufgrund zweier geplatzter Schecks dreißig Dollar Gebühr zahlen mußte, ging er sofort an die Decke.

Weil seine Frau ungedeckte Schecks (wenn auch aus Versehen) ausgestellt hatte, schrie er sie an und drohte, ihr die Kontovollmacht zu entziehen, und tobte wie ein Wahnsinniger. Für Menschen, denen es ohnehin schwerfällt, ihre Wut zu beherrschen, bietet eine schlechte finanzielle Nachricht die Gelegenheit, sich diesem Gefühl verstärkt hinzugeben.

Martha hat sich gerade mit ihrer besten Freundin gestritten und ist deshalb sehr niedergeschlagen. Um sich von ihren Problemen abzulenken, stellt sie die Abendnachrichten an. Sie hört von einem weiteren terroristischen Bombenanschlag im Nahen Osten, einem tödlichen Chemieunfall in einem Land der Dritten Welt und von einem Busunfall im mittleren Westen, bei dem zwölf Schulkinder ums Leben kamen.

Welch frohmachende Nachrichten! Wirklich eine großartige Idee, auf diese Weise wieder auf bessere Gedanken zu kommen! Wir müssen uns darüber im klaren sein: Die Nachrichtenmedien können einem bereits niedergeschlagenen Menschen das Leben nur noch schlimmer erscheinen lassen. Roger Campbell schreibt in seinem Buch *Staying Positive in a Negative World:* „Heute haben wir das zweifelhafte Privileg, täglich jede schlechte Nachricht aus allen Teilen der Welt zu erfahren. Wir sind angeschlossen an die Nachrichtenagenturen des gesamten Planeten. Und wenn wir nicht aufpassen, tragen wir auf einmal so viele Lasten, daß wir darunter zusammenbrechen" (Victor Books, S. 30).

Wir leben also in einer Gesellschaft, die nicht gerade Situationen schafft, die für unser Gefühlsleben förderlich sind. Bei einer Buchbesprechung eines kürzlich erschienenen Romans stellte das Newsweek-Magazin fest, daß der Schriftsteller die Welt als einen Ort darstelle, in dem „okkulte Sensationsblätter im Supermarkt und unaufhörliche Katastrophenmeldungen im Fernsehen die geistige Nahrung und fieberhafte Zerstreuung der Menschen darstellen".

Es ist ernüchternd, feststellen zu müssen, daß unter dem Bombardement solcher nachteiliger Reize unsere gefühlsmäßigen und geistlichen Probleme immer bedrohlichere Formen annehmen. Am Ende dieses Prozesses steht, wie wir immer wieder gesehen haben, oft ein schlechter Gesundheitszustand.

ANDERE EINSTELLUNGEN

Es war keinesfalls meine Absicht, Ihnen durch die Darstellung einiger Faktoren, die negative Gedanken verschlimmern können, noch *mehr* Mittel an die Hand zu geben, durch die Ihre Gesundheit Schaden nehmen kann. Ganz im Gegenteil, ich wollte damit auf Einflüsse hinweisen, die in unserer Welt existieren und die uns oft nicht bewußt sind. Diese Einflüsse sorgen dafür, daß wir beständig Gedanken oder Gefühle des Leidens in uns tragen. Roger Campbell zum Beispiel gesteht, daß er Jahre brauchte, um zu erkennen, daß seine Sucht nach Nachrichtensendungen ein Hauptfaktor für seine ständigen Streßgefühle war.

Wir können also durchaus positive Ergebnisse erzielen, wenn wir solche Einflüsse einmal unter die Lupe nehmen. Ebenso verhält es sich mit einigen anderen Gefühlsregungen, auf die wir in diesem Buch noch nicht eingegangen sind. Durch eine ständige Beschäftigung mit diesen Gefühlen können ganz bestimmte Krankheitsformen ausgelöst werden.

VERLUST

Janet war eine Frau aus Panama, die im Gorgas-Hospital im Bezirk des Panama-Kanals arbeitete, als ich dort mein Medizinalpraktikum und meine Zeit als chirurgischer Assistenzarzt ableistete. Sie hatte sich in einen der amerikanischen Medizinalpraktikanten im Krankenhaus verliebt, und offensichtlich war zwischen ihnen auch von Heirat die Rede. Als jedoch das Medizinalpraktikum des jungen Mannes beendet war, heiratete er Janet *nicht* und kehrte sogar ohne sie in die Vereinigten Staaten zurück. Man kann sich leicht vorstellen, wie Janet darauf reagierte. Sie fühlte sich nicht nur verraten, sondern empfand auch einen großen Schmerz über den erlittenen Verlust. Der Mann, den sie liebte, mit dem sie ihr Leben hatte verbringen wollen, war fort.

Schließlich bekam sie schweren ulzerativen Dickdarmkatarrh, und in einer Notoperation mußte ihr der gesamte Dickdarm entfernt werden. Nach der Operation hing ihr Leben sechs Wochen lang an einem seidenen Faden. Glücklicherweise überlebte sie. Aber die Menschen, die ihr nahestanden, wußten, daß dieser lebensbedrohliche Zustand eingetreten war, weil sie sich in ihren Gedanken ständig mit ihrem großen persönlichen Verlust beschäftigt hatte.

Auch Sandy mußte erfahren, was es bedeutete, einen Verlust zu erleiden. Kurz vor ihrem zweiten Jahr im College starb ihr Vater völlig unerwartet an einem schweren Herzanfall. Sandy und ihr Vater hatten sich niemals wirklich nahegestanden. Aber in den Jahren vor seinem Tod fingen sie an, einander besser zu verstehen. Die Samen einer liebevollen und dauerhaften Beziehung waren gepflanzt worden. Nun schmerzte es Sandy, daß sie in der Beziehung zu ihrem Vater so viele Jahre nutzlos hatte verstreichen lassen, die sie jetzt nie mehr nachholen konnte. Noch Monate nach dem Begräbnis litt Sandy unter Appetitlosigkeit, so daß sie fast nichts mehr zu sich nahm. Ihr Schlaf war unruhig, und sie wachte nachts immer wieder auf. Sandy hatte einen tragischen Verlust erlitten, und weil sie sich in Gedanken beständig mit diesem Verlust beschäftigte, wirkte sich dies auf ihre körperliche Gesundheit aus.

STRESS

Streß galt in den letzten Jahren immer als etwas Negatives. Aber eigentlich muß Streß das nicht notwendigerweise sein. Studien haben zum Beispiel gezeigt, daß das Arbeitsergebnis und die Qualität der Arbeit sich bei einigen Angestellten *verbessern*, wenn man sie einem sanften Druck aussetzt. Ebenso müssen Seeleute bei der US-Marine einen sehr harten Test bestehen, durch den die Mannschaften darauf vorbereitet werden sollen, sich in Notsituationen richtig zu verhalten. Eine U-Boot-Attrappe oder ein Schiffskörper werden geflutet, und die Seeleute müssen Luken abdichten und andere Notmaßnahmen ergreifen, während Tausende Liter Wasser auf sie einstürzen. Das Ziel dieser Übungen besteht darin, eine ähnlich streßreiche Situation zu schaffen, wie sie auf einem tatsächlich sinkenden Schiff herrscht. Berichte lassen darauf schließen, daß diese Übungen sehr erfolgreich sind.

Im großen und ganzen jedoch wirkt sich Streß in unserer Gesellschaft gewöhnlich nicht so heilsam aus. Im Gegenteil, unser Körper muß einen hohen Preis dafür zahlen, wenn wir tagein, tagaus unter Druck stehen und uns ständig mit Streßgedanken beschäftigen („Ich werde diese Seminararbeit niemals pünktlich abgeben können." „Wie soll ich es nur schaffen?" „Ich weiß ganz genau, daß der Chef mit meiner Arbeit schon wieder unzufrieden sein wird"). Vor kurzem sah ich einen sehr aufschlußreichen *Peanuts*-Cartoon. Charly Brown sieht gerade fern. Seine kleine Schwester Sally kommt und verkündet: „Ich glaube, ich habe zu viel Streß in meinem Leben. Ich glaube, meine Arterien verengen sich. Wenn du meine Hausaufgaben für mich machtest, würde das meinen Streß verringern." Charly Brown schickt sie wieder an ihre Arbeit, und im letzten Bild sehen wir Sally in sich zusammengesunken an ihrem Schreibtisch sitzen. Sie stöhnt: „Wie soll man seine Hausaufgaben richtig machen, wenn man fühlt, daß sich seine Arterien verengen!"

Auf humorvolle Weise stellt dieser Cartoon die Gefahren übermäßigen Stresses ganz genau dar. Je mehr wir uns mit den streßreichen Aspekten des Lebens beschäftigen, um so wahrscheinlicher wird es, daß wir dadurch für Probleme anfällig werden, wie zum Beispiel Impotenz, regionale Ileitis – ein Anschwellen und eine Entzündung des Dünndarms – und hoher Blutdruck.

EINSCHNEIDENDE LEBENSEREIGNISSE

Vor einigen Jahren stellten Forscher eine Tabelle auf, die unter dem Namen „Streßindextabelle" bekannt wurde. Auf dieser Tabelle werden typischen Lebensereignissen bestimmte „Lebensverlängerungspunkte" zugeschrieben. Je mehr Punkte ein Mensch erhält, um so wahrscheinlicher ist es, daß er oder sie einschneidende Auswirkungen auf die Gesundheit zu erwarten hat. Ein Mensch, der zum Beispiel vor kurzem geheiratet hat, kann sich für diese Erfahrung fünfzig Punkte geben. Eine Veränderung in der Arbeitszeit oder den Arbeitsbedingungen zählt zwanzig Punkte, und eine Veränderung der finanziellen Lage bringt achtunddreißig Punkte ein (die vollständige Liste findet sich in Jan Markell, Jane Winn, *Overcoming Stress*, Victor Books, S. 90-91). Ein Mensch, der dreihundert oder mehr Punkte auf diesem Index erreicht, hat wahrscheinlich mit schwerwiegenden körperlichen Beschwerden zu rechnen.

Wir können zwar Veränderungen in unserem Leben nicht immer verhindern – wie zum Beispiel den Tod eines nahen Familienmitgliedes (63 Punkte) –, aber wir können ihre möglicherweise zerstörerischen Auswirkungen abwehren, indem wir uns nicht beständig darüber Sorgen machen oder uns gedanklich damit beschäftigen.

Alan sollte sich diesen Ratschlag zu Herzen nehmen. Er hat mir gegenüber ganz offen zugegeben, daß er ungewöhnlich viel Zeit damit verbringt, über die Zukunft und über zukünftige Ereignisse nachzudenken. Er fragt sich zum Beispiel, ob wieder eine Wirtschaftsrezession kommen wird, durch die er dann gezwungen sein wird, seinen gegenwärtigen Job aufzugeben. Würde dies bedeuten, daß er in einen anderen Teil des Landes ziehen muß? Wie würden sich diese Veränderungen auf seine Ehe auswirken? Allein durch das Nachdenken über diese drei möglichen Lebensereignisse könnte Alan leicht über zweihundert Punkte auf einer Streßindextabelle erreichen.

Wir machen uns nur allzugern über die Zukunft und zukünftige Ereignisse Gedanken. Aber wir sollten bedenken, daß ständiges sorgenvolles Grübeln unserer Gesundheit schaden kann. Wir sollten die Ermahnung des Jakobus nicht vergessen:

Wohlan nun, die ihr saget: Heute oder morgen wollen wir in die und die Stadt reisen und daselbst ein Jahr zubringen, Handel treiben und gewinnen! Und doch wißt ihr nicht, was morgen sein wird! Denn was ist euer Leben? Ein Dampf ist es, der eine kleine Zeit sichtbar ist und darnach verschwindet (Jakobus 4,13-14).

GESUNDE GEDANKEN ENTWICKELN

Gott möchte, daß wir überfließendes Leben haben (Joh. 10,10) und von Frieden erfüllt sind, „der allen Verstand übersteigt" (Philipper 4,4). Wie können wir das erreichen? Der Apostel Paulus stellt Gottes Rezept in einem gewaltigen Vers dar:

Im übrigen, meine Brüder, was wahrhaftig, was ehrbar, was gerecht, was keusch, was liebenswert, was wohllautend, was irgend eine Tugend oder ein Lob ist, dem denket nach (Philipper 4,8).

Ich habe festgestellt, daß Christen diesen Vers auf unterschiedliche Weise anwenden. Manche denken an die Fleischwerdung Gottes, einige an das Erlösungswerk Christi, durch die es uns möglich wurde, Sündenvergebung zu erlangen und wieder in Gemeinschaft mit dem ewigen Gott zu leben. Andere denken wie der Psalmist über die Größe der Schöpfung nach:

Wenn ich den Himmel betrachte, das Werk deiner Hände, den Mond und die Sterne, die du gemacht hast: Was ist der Mensch, daß du seiner gedenkst... (Psalm 8,3-4).

Ich persönlich habe festgestellt, daß es besonders lohnend ist, über die Eigenschaften Gottes nachzudenken. Während meines achtjährigen Aufenthaltes in Äthiopien mußte ich vier Jahre lang ein Hospital mit 105 Betten nahezu ohne Hilfe leiten. In solchen Zeiten hätte ich mich leicht entmutigt fühlen, mir über die Vorräte oder das Personal Sorgen machen und niedergeschlagen sein können, weil wir nicht jeden Patienten heilen konnten. Es wäre leicht gewesen, sich mit den negativen Aspekten meiner Arbeit zu beschäftigen.

Aber in solchen Situationen entdeckte ich Gottes Rezept gegen bedrückende Gedanken. Als ich über die Eigenschaften des Herrn – über seine wunderbaren Wesensmerkmale – nachdachte, mußten die negativen Gedanken, die sich in mein Leben gedrängt hatten, weichen. Schädliche Gefühle und Einstellungen wurden auf wunderbare Weise vertrieben, sobald sie der heilenden Gegenwart Gottes ausgesetzt waren.

Das ist kein geheimnisvoller Vorgang. Es ist sogar ziemlich logisch. Es ist einfach schöner, seine Gedanken auf die Erhabenheit Gottes zu richten, als auf die Launenhaftigkeit und die Bosheit des Lebens. Ein weiser Mensch erkennt das und versucht, seine Gedanken dementsprechend auszurichten (Psalm 1,2). Über die Wesensmerkmale des Herrn könnte man natürlich ein ganzes Buch schreiben, und zu diesem Thema sind bereits viele hervorragende Werke verfaßt worden. Nehmen Sie bitte die folgende Liste als einen vorläufigen Ausgangspunkt für Ihr eigenes Bibelstudium. Unser Herr ist

* heilig (3.Mose 20, 26),
* gerecht (Psalm 85, 13; 5. Mose 32,4),
* treu (1. Mose 28, 15),
* ewig (5. Mose 33, 27),
* allgegenwärtig (Jeremia 23, 23 - 24),
* allmächtig (Jeremia 32, 17),
* allwissend (Psalm 147, 5)
* unwandelbar (Hebräer 13, 8),
* gnädig (Psalm 63, 4).

Auf meinen Reisen durch den afrikanischen Kontinent sah ich Sonnenuntergänge von unvergleichlicher Schönheit. Der Versuch, sie mit Worten zu beschreiben, wäre vergeblich. Ebenso ist es mit dem Versuch, Gottes Eigenschaften genau zu definieren. Die zehn Begriffe, die ich hier verwendet habe, können nur annähernd beschreiben, wer und was er ist. Jeder von uns macht sich in seinem Leben ganz eigene Gedanken über die Eigenschaften Gottes. Mich zum Beispiel erinnert der Gedanke an seine Treue daran, wie er in den Jahren meines Missionsdienstes für mich sorgte. Für Sie steht dieses Wort vielleicht für seine wunderbare Gegenwart in einer besonders schwierigen Anfechtung.

Aber in gewisser Hinsicht ist es auch ein Segen, daß wir nicht in der Lage sind, eine lange und redegewandte Beschreibung von Gott abzugeben. Beim Nachsinnen über seine Eigenschaften wird unser Denken dazu herausgefordert, jede einzelne Bedeutungsschattierung zu erforschen. Wir werden ermutigt, herauszufinden, auf welche Weise wir seine Eigenschaft der Heiligkeit auf unser eigenes Streben nach einem geheiligten Lebensstil beziehen können. Wir werden angeregt, uns darüber Gedanken zu machen, was seine Allgegenwart und seine Allwissenheit bedeuten. Wir werden angespornt, über die Tiefe seiner Liebe nachzudenken.

In einer Welt der flüchtigen Gefühle – in der Probleme uns an einem Tag bedrängen und am nächsten schon wieder verlassen – bleiben die Eigenschaften unseres Herrn unwandelbar. Er ist stets derselbe (Hebräer 13,8). „Denn ich, der Herr, verändere mich nicht“ (Maleachi 3,6).

DIE ERGEBNISSE

Indem wir über die Dinge nachdenken, die wahrhaftig, edel, gut, gerecht, rein, liebenswert, lobenswert, bewunderungswürdig und hervorragend sind, und indem wir über die Eigenschaften Gottes nachdenken, werden wir uns von unserer übermäßigen Beschäftigung mit schmerzvollen und schädigenden Gefühlen und Lebenseinstellungen abwenden können. Indem wir unser Denken auf das ausrichten, das sich auf der himmlischen Ebene abspielt, können wir die schädlichen körperlichen Krankheiten überwinden, die durch Haß, Habgier und Sorge hervorgerufen werden.

Ich kann mich noch gut an die Erfahrung eines Mannes erinnern, der jahrelang mein Patient war. Er kam zu einer Routineuntersuchung, und ich stellte fest, daß sein Blutdruck gefährlich hoch war. Ich erwähnte dies ihm gegenüber, und er hatte sofort eine Erklärung dafür.

Vor zehn Jahren hatte er seinen körperbehinderten Vater in sein Haus aufgenommen und hatte seither stets für ihn gesorgt. Aber als sein Vater vor einem Monat starb, erfuhr mein Patient, daß er in seinem Testament alle Beträge aus seiner Versicherung seinem *anderen* Sohn vermacht hatte – dieser andere Sohn hatte seinen Vater während seiner langen Krankheit noch nicht einmal *besucht.*

Mein Patient war, gelinde gesagt, ausgesprochen wütend darüber, daß seinem Bruder das gesamte Erbe zugesprochen worden war. Nachdem ich diese Geschichte gehört hatte, sagte ich ihm, daß ich ihm ein Medikament zur Senkung seines Blutdruckes geben könnte. Ich erwähnte jedoch auch, daß er mit zahlreichen Nebenwirkungen rechnen mußte, da er eine starke Dosis benötigte, um seine Gefühle des Hasses und der Bitterkeit zu überwinden.

Dann sagte ich ihm: „Wissen Sie, es gibt noch einen anderen Weg – es gibt Gottes Weg. Er hat uns gesagt, daß er uns die Kraft geben kann, einem Bruder siebenmal siebzigmal zu vergeben."

„Wenn Sie wirklich gesund werden wollen", fuhr ich fort, „dann sollten Sie aufhören, darüber nachzudenken, wie sehr man Sie Ihrer Ansicht nach betrogen hat. Ich kann Ihre Wut verstehen. Aber indem Sie über Gottes Güte nachdenken, können Sie diese Gefühle überwinden. Denken Sie über ihn nach, und dann brauchen Sie für den Rest Ihres Lebens diese Pillen nicht mehr zu nehmen."

Er entschloß sich, das Rezept anzunehmen, das Paulus im Philipperbrief gab. Nach einem Jahr konnte er sein Medikament absetzen, und er hat es seitdem nicht mehr gebraucht.

Dieses Beispiel zeigt, daß man eine innere Einstellung nicht immer über Nacht ändern kann. Gewöhnlich dauert es eine gewisse Zeit, bis man schädliche Gedanken völlig durch heilige ersetzt hat. Aber das ändert nichts an der Tatsache, daß sich der Gesundheitszustand dieses Mannes besserte, als er sich ganz bewußt entschied, sich mit den in Philipper 4,8 dargestellten Gedanken zu beschäftigen.

Wenn wir unsere Gedanken und Vorstellungen auf Gottes Eigenschaften und seinen Willen konzentrieren, haben wir bereits begonnen, die Krankheiten zu überwinden, die durch negative Gefühle hervorgerufen werden.

Warum wollen Sie nicht heute ein neues Leben beginnen? Warum nehmen Sie sich nicht vor, schon heute über die wunderbaren Eigenschaften unseres Herrn nachzudenken?

10 Die Berührung des Meisters

In den letzten Jahren ist der Begriff *Weltbild* ziemlich in Mode gekommen. Missionsgesellschaften zum Beispiel fordern häufig angehende Missionare auf, ihr Weltbild und ihre Sicht der Evangelisation darzustellen. Bei Kongressen von sozial engagierten Christen werden Gläubige aufgerufen, ein Weltbild zu entwickeln, das an den Nöten der Armen Anteil nimmt.

Aber was bedeutet dieser modische Ausdruck eigentlich? Was hat er mit unserer geistlichen und körperlichen Gesundheit zu tun?

Das Weltbild stellt im weitesten Sinne die Art und Weise dar, in der ein Mensch das Universum und seinen Platz darin sieht; es ist die Summe der Antworten, die ein Mensch auf bestimmte grundlegende Fragen des Lebens gibt. In einem kürzlich erschienenen Zeitschriftenartikel nannte der Schriftsteller und Publizist Jim Sire einige solcher Fragen: Was ist der Sinn des Lebens? Was ist das Universum? Was ist der Mensch? Welchen Sinn hat unsere menschliche Pilgerschaft auf dieser Erde?

Für diese Fragen sind nicht nur bärtige, pfeiferauchende Philosophen zuständig. Unsere Antwort auf diese Fragen hängt davon ab, ob wir an Gott glauben, ob wir anerkennen, daß es eine göttliche Bestimmung für unser Leben gibt, und ob wir Gott im Hinblick auf unser Alltagsleben vertrauen. Unser persönliches Weltbild entscheidet darüber, wie wir das Leben sehen. Ausgehend von dieser entscheidenden Erkenntnis wollen wir im folgenden untersuchen, auf welche Weise unser Weltbild unsere körperliche und geistige Gesundheit beeinflußt.

ZWEI WELTBILDER

„Dort gibt es Riesen! Außerdem sahen wir eine Weintraube, die so groß war, daß *zwei* Männer sie tragen mußten. Aber vergeßt die Trauben! Ich sage euch, wir sahen *Riesen*!"

Ist das das wirre Gerede eines Irren, dem Drogen den Verstand geraubt haben? Mehr als einmal habe ich erlebt, daß Menschen in die Notaufnahme gebracht wurden, die unter dem Einfluß von einer illegalen Droge Halluzinationen erlebten. Aber das war hier nicht der Fall. Nein, diese Worte wurden von Männern in völlig nüchternem Zustand gesprochen.

Als Israel sich bereitmachte, in das verheißene Land einzuziehen, befahl der Herr Mose, zwölf Späher auszusenden, die „das Land Kanaan auskundschaften" sollten (4. Mose 13,2). Sobald sie diesen Auftrag ausgeführt hatten, kehrten die Späher zurück, um über die landschaftlichen Gegebenheiten, die Bevölkerung und die landwirtschaftlichen Möglichkeiten Kanaans Bericht zu erstatten.

In Kanaan sahen die Zwölf riesengroße Weintrauben und schlossen daraus, daß dieser Teil des Nahen Ostens ein Land war, in dem „Milch und Honig fließt" (Vers 27). Es gab nur einen kleinen Haken bei der Sache, der Israel daran hinderte, dieses wunderbare Land sofort einzunehmen: Dort lebte ein Volk, bekannt als die Nachfahren Enaks, und nach der übereinstimmenden Meinung der unerschrockenen Späher waren diese Menschen Riesen: „...wir waren in unsern Augen wie Heuschrecken, und also waren wir auch in ihren Augen!" (4.Mose 13,33).

Durch die äußere Erscheinung der Nachkommen Enaks tief beeindruckt, faßten zehn der zwölf Späher rasch den Entschluß, daß Israel sich von Kanaan fernhalten sollte. Die beiden Späher Josua und Kaleb waren mit dieser Empfehlung jedoch nicht einverstanden. Kaleb plädierte sogar mit ziemlich deutlichen und treffenden Worten dafür, in das verheißene Land einzuziehen: „Lasset uns hinaufziehen und das Land einnehmen, denn wir können es überwältigen!" (4.Mose 13,30).

Sehr interessant. Alle zwölf Späher sahen dieselben befestigten Städte in Kanaan. Alle zwölf Männer erblickten dieselben kraftstrotzenden Nachkommen Enaks. Warum kamen Josua und Kaleb dann zu dem Schluß, daß es keinen Grund gab, sich zu fürchten? Warum bestanden sie darauf, daß Israel wie geplant in das verheißene Land einziehen sollte? Ganz einfach, diese beiden Späher hatten ein Weltbild, das sich von dem ihrer Gefährten auf ganz drastische Weise unterschied.

Als Josua und Kaleb ins Land Kanaan hineinschauten, sahen sie nicht nur Riesen. Sie konzentrierten sich nicht nur auf die Dinge, die ihr Vorhaben scheinbar unmöglich machten. Sie sahen ein Land, das Gott ihnen verheißen hatte, und sie sahen daher auch die Zukunft mit Augen des Glaubens. Das Weltbild ihrer Gefährten dagegen war ganz offensichtlich von dem Glauben geprägt, der mächtige Gott, der das Rote Meer geteilt hatte, sei wohl einem Haufen von zu groß geratenen Kanaanitern nicht gewachsen.

WORAUF BERUHTEN DIESE UNTERSCHIEDLICHEN AUFFASSUNGEN?

An dieser Stelle sollten wir die Grundlagen von Kalebs und Josuas Weltbild einmal untersuchen. Schließlich stehen wir jeden Tag unseren eigenen „Riesen" gegenüber – von denen viele mit unseren Kämpfen gegen körperliche Krankheiten in Verbindung stehen. Wir sollten daher danach trachten, uns die Erkenntnisse dieser beiden Glaubenshelden zu eigen zu machen.

Im Grunde müssen sich Josua und Kaleb dieselben Fragen gestellt haben, die der bereits erwähnte Jim Sire nannte. Sie müssen über Sinn und Zweck ihres Lebens nachgedacht haben. Sie hatten in ihrem Leben viel erlebt – von Gott gesandte Plagen, den Auszug aus Ägypten, Gottes Fürsorge für Israel in der Wüste. Aus all diesen Erfahrungen müssen sie dann geschlossen haben, daß Gott ihr uneingeschränktes Vertrauen und ihre Hingabe verdiente. Dieses Wissen wurde zur Grundlage ihres Weltbildes.

Josua und Kaleb bezeugten diese Lebenseinstellung in einer Rede, die sie vor dem versammelten Volk Israel hielten. Obwohl die Menschen sich bereits entschlossen hatten, den zehn Spähern zuzustimmen, sagten Josua und Kaleb:

„Wenn der Herr Lust zu uns hat, so wird er uns in dieses Land bringen... Fürchtet euch nicht vor dem Volke dieses Landes; denn wir wollen sie verschlingen wie Brot. Ihr Schirm ist von ihnen gewichen, mit uns aber ist der Herr" (4.Mose 14,8-9).

Damit brachten diese beiden mutigen Männer zum Ausdruck, daß sie vertrauensvoll in die Zukunft sehen konnten, weil sie einem Gott dienten, der seine Kinder liebt, sie schützt, stets bei ihnen ist und um ihretwillen Wunder wirkt (4.Mose 14,11). Ihr Weltbild ermöglichte es ihnen, ein Leben der Gewißheit und des Glaubens zu führen.

WELTBILD UND GESUNDHEIT

Vielleicht fragen Sie sich immer noch, was das Weltbild eines Menschen mit einem guten Gesundheitszustand zu tun hat. Wie wir in diesem Buch immer wieder gesehen haben, ist eine gute geistliche Gesundheit der Schlüssel zu einer stabilen körperlichen Verfassung. Wenn Sie diese Voraussetzung akzeptieren, werden Sie erkennen, daß Ihr persönliches Weltbild von überaus großer Bedeutung ist. Denn um geistliche und damit auch körperliche Gesundheit genießen zu können, muß unser Denken von einem Weltbild geprägt sein, das dem Josuas und Kalebs gleicht. Ebenso wie sie müssen wir an einen liebenden, gegenwärtigen, schützenden und wundertätigen Gott glauben.

Aber um ein solches Weltbild zu entwickeln, müssen wir uns Zeit nehmen, darüber nachzudenken, wer Gott ist. Denn wenn Habgier, Wut oder Furcht uns bestürmen und uns krank machen wollen, müssen wir ein Weltbild annehmen, das auf den grundlegenden Eigenschaften unseres Gottes beruht. Eine der herrlichen Eigenschaften des Herrn muß sich unauslöschlich in unsere Vorstellung von der Welt einprägen.

Welche Eigenschaft meine ich? Ich spreche von der heilenden Macht Gottes.

Das Thema der göttlichen Heilung hat den Leib Christi in zwei gegensätzliche Lager gespalten. Eine Seite glaubt, daß die Zeit der Wunderheilungen mit dem Zeitalter der Apostel endete, die andere behauptet, daß diese Gabe auch heute noch wirksam ist.

Menschen, die mich kennen, würden mich wahrscheinlich als einen theologisch eher konservativ eingestellten Menschen beschreiben, und mit dieser Bezeichnung bin ich auch einverstanden. Jedoch denkt man bei dem Etikett *konservativ* leider oft, daß es sich dabei um Menschen handelt, die nicht an das göttliche, wunderbare Eingreifen Gottes in unserer heutigen Zeit glauben.

Ich glaube jedoch, daß Gott auch heute noch Menschen heilt – sowohl körperlich als auch geistlich. Ich habe keinen Anlaß, daran zu zweifeln, daß der so oft unter Beweis gestellte heilende Dienst unseres HERRN in den achtziger Jahren beendet ist. Das heißt natürlich nicht, daß ich jeden selbsternannten „Glaubensheiler" unterstütze, der auf der Bildfläche erscheint. Ich glaube auch nicht, daß man bei der übernatürlichen Heilung unbedingt einen Menschen als Mittelsmann braucht, obwohl dies in bestimmten Fällen angebracht sein mag.

Aber ich bin fest davon überzeugt, daß es Zeiten gibt, in denen unsere körperliche, geistige und geistliche Gesundheit nur durch eine Berührung von Jesus Christus selbst wiederhergestellt werden kann. Manchmal besteht die einzige Möglichkeit zur Überwindung einer Krankheit darin, sich auf Gott zu verlassen, der unsere Schwachheit kennt und der uns Leben schenkt.

Unser ewiger und allmächtiger Gott *kann* in unser tägliches Leben eingreifen. Er *kann* seine Hand ausstrecken und unseren Körper anrühren, wenn wir von Krankheit geplagt werden. Diese Erkenntnis ist eine Grundvoraussetzung für den Empfang aller göttlichen Rezepte für unsere Gesundheit.

ZWEI REAKTIONEN AUF KRANKHEIT

Wer einmal den Film *Ben Hur* gesehen hat, wird sich wahrscheinlich an eine ergreifende Szene gegen Ende des Films erinnern. Ben Hurs Mutter und Schwester sind leprakrank. Auf der Suche nach Hilfe wandert die Familie über einen fast menschenleeren Platz. Sobald jedoch die Einwohner Ben Hurs Mutter und Schwester erblicken, rufen sie „Aussätzige! Unrein! Aussätzige!“ und werfen mit Steinen nach ihnen. Vor einigen Monaten wurde bei einem fünf Jahre alten Jungen in Maryland die Diagnose gestellt, daß er Herpes-Geschwüre auf Gesicht und Händen hatte. Sobald die Eltern und die Schüler in seiner Schule von seinem Zustand erfuhren, reagierten sie sehr aufgebracht. Sie forderten, daß das „Herpes-Kind“ vom Schulunterricht ausgeschlossen werden sollte, damit er seine Klassenkameraden nicht ansteckte.

Die meisten von uns reagieren sehr ablehnend auf Krankheiten. Wir werden abgestoßen vom verheerenden Wüten des Krebses. Uns wird übel, wenn wir die für einige Krankheiten typischen Verunstaltungen sehen. Jesus jedoch verhielt sich völlig anders als wir.

Unser Herr berührte bereitwillig Aussätzige (Lukas 5, 12-13) und von Schmerzen geplagte Gelähmte (Markus 2,1-5). Gleichgültig wie abscheulich die Krankheit war – Jesus sah über die Pockennarben, die verkrüppelten Glieder hinweg, er sah nur den kranken *Menschen*. Markus stellt sogar fest: „Denn er heilte viele, so daß alle, die eine Plage hatten, ihn überfielen, um ihn anzurühren“ (Markus 3,10). Die Vorstellung der Welt, wie man auf Krankheit reagieren soll, wurde durch Jesu Verhalten auf den Kopf gestellt. Er demonstrierte unerschrocken, daß er bereit war, jeden zu heilen, der an ihn glaubte, ganz gleich, wie entsetzlich seine Situation auch sein mochte.

Diese Aussage ist es wert, noch einmal wiederholt zu werden. Jesus heilte jeden, der glaubte, ganz gleich, wie entsetzlich oder ausweglos seine Krankheit auch erscheinen mochte. Diese Erkenntnis trifft auch auf *geistliche* Krankheiten zu. Vielleicht haben Sie gerade in diesem Augenblick den Eindruck, daß Sie unter einer geistlichen Krankheit leiden, die so grauenhaft ist, daß man sie niemandem zeigen kann. Vielleicht hat Ihre Habgier Sie dazu verleitet, unschuldige Mitarbeiter zu betrügen oder bei Ihrer Einkommensteuererklärung zu lügen. Vielleicht haben Sie durch Ihre Wut Menschen tief verletzt, die Ihnen sehr nahestehen. Vielleicht glauben Sie, daß Ihre Unzufriedenheit, Ihre Depression oder Ihre Schuld zu tief in Ihrer Seele verwurzelt sind, um jemals geheilt zu werden.

Sie sollten einmal folgendes bedenken:

„Und es kam ein Aussätziger zu Jesus, bat ihn, fiel vor ihm auf die Knie und sprach: Wenn du willst, kannst du mich reinigen! Da erbarmte sich Jesus seiner, streckte die Hand aus, rührte ihn an und sprach zu ihm: Ich will; sei gereinigt. Und während er redete, wich der Aussatz alsbald von ihm, und er wurde rein" (Markus 1,40-42).

Diese Schriftstelle zeigt, daß Gott bereit ist, jederzeit seine heilende Hand auf uns zu legen, und daß er uns auch heilen kann. Wir müssen uns nicht auf unsere eigene innere Kraft verlassen, um peinigende Gefühle und ihre körperlichen Auswirkungen zu bekämpfen. Gott besitzt die Kraft, die wir brauchen. Selbst wenn andere sich schaudernd von uns abwenden, wenn sie unsere geistliche Krankheit erkannt haben, *kann* Gott seine Hand ausstrecken und uns berühren.

VERSTÄNDNIS UND MITGEFÜHL

Gott heilt uns auch, weil er weiß, wie unglücklich man sich in der Krankheit fühlt. Dieses Wissen ruft sein Mitgefühl hervor. Auch dieses Prinzip ist sowohl auf der körperlichen als auch auf der geistlichen Ebene wirksam. Die Schrift sagt nichts darüber aus, ob Jesus jemals krank war. Aber es ist eine Binsenweisheit, daß man eine Krankheit nicht persönlich erleben muß, um zu wissen, wie schmerzhaft sie ist. Ein Mensch muß nicht an Leukämie leiden, um für einen von dieser Krankheit Betroffenen Mitleid zu empfinden. So war es offensichtlich auch, als Jesus einen Gelähmten am Teich Bethesda traf.

Wie Johannes feststellt, war die Szene an dem See so ergreifend, daß sie jedes Herz gerührt hätte:

„In diesen Säulenhallen lag eine große Menge von Kranken, Blinden, Lahmen, Abgezehrten, welche auf die Bewegung des Wassers warteten... Es war aber ein Mensch daselbst, der achtunddreißig Jahre in seiner Krankheit zugebracht hatte" (Johannes 5,3-5).

Jesus muß das Schicksal dieses einen Kranken sehr bewegt haben. Können Sie sich das vorstellen? Nahezu vier Jahrzehnte lang hatte dieser Mann nicht gehen können. Tag für Tag lag er bei dem Teich am Schafstor und hoffte, daß ihm vielleicht aus Mildtätigkeit einige Münzen zugeworfen wurden. Vielleicht träumte er davon, daß der Gott seiner Väter ihm Barmherzigkeit erweisen würde.

Jesus reagierte unmittelbar auf seine unglückliche Lage, indem er den Mann heilte. Welche Lektion können wir daraus lernen? Nun, die Menschlichkeit unseres Herrn ermöglichte es ihm, an dem tiefen Leiden dieses Menschen teilzuhaben, und durch seine Göttlichkeit war er in der Lage, dieses Leiden zu beenden.

Christus lagen die Kranken und die Armen der Welt besonders am Herzen, wie jedes der Evangelien ganz klar bezeugt. Könnte es sein, daß er als derjenige, der „verachtet war und vor dem man sein Angesicht verbarg", ein sehr feines Einfühlungsvermögen für Menschen besaß, die selbst aufgrund ihrer Krankheit ausgestoßen waren? Wir sollten niemals vergessen, daß Jesus uns in unserer Krankheit völlig versteht. Der Schreiber des Hebräerbriefes weist darauf hin: „Christus ist nun auch ein Mensch geworden wie wir... Er selbst hat gelitten" (Hebräer 2, 14 + 18; H. f. a.). Wenn unsere Krankheiten das Resultat solcher Gefühle wie Wut oder Habgier sind, sollten wir daran erinnern, daß unser Herr diese Gefühle aus erster Hand kennt. Er erlebte den Wutausbruch des Petrus im Garten Gethsemane. Er wußte, daß die Habgier des Judas durch dreißig Silberstücke gestillt werden konnte. Er *kann* uns von jeder seelischen Krankheit heilen und uns von ihren schädlichen Auswirkungen auf unseren Körper befreien.

EMPFÄNGER SEINER LIEBE

Schließlich glaube ich, daß Gott uns einfach deshalb heilt, weil er dadurch seine Liebe zu uns zum Ausdruck bringen kann. Einer meiner Mitarbeiter erzählte mir, daß er sich auf seinem Heimweg vom Krankenhaus vor einigen Tagen ganz spontan entschloß, in einem Blumengeschäft einige Blumen zu kaufen und sie seiner Frau mitzubringen. Als er nach Hause kam und ihr das Überraschungsbukett überreichte, reagierte sie darauf etwas mißtrauisch.

„Hhm", meinte sie, „es ist weder mein Geburtstag noch unser Hochzeitstag. Wofür sind die Blumen? Hast du vor, zu einer Tagung oder dergleichen zu fahren und mich nicht mitzunehmen? Da steckt doch irgend etwas dahinter!"

„Ach was", antwortete mein Kollege und legte den Arm um sie. „Ich wollte dir nur sagen, daß ich dich liebe." Auf ähnliche Weise schenkte Gott uns sein Rezept für Gesundheit und seine heilende Berührung als Zeichen seiner Liebe zu uns. Der Apostel Johannes schreibt, daß Gott die Welt so sehr liebte, daß er seinen eigenen Sohn gesandt hat, damit wir durch ihn gerettet werden (Johannes 3,16). So wichtig wie Jesu Ankunft auf dieser Erde auch war, Gott begrenzte den Ausdruck seiner Liebe nicht auf dieses eine zentrale Ereignis: Er zeigte seine Liebe auch, indem er uns mit den atemberaubenden Wundern seiner Schöpfung umgab, indem er den geheiligten Bund der Ehe einsetzte und indem er uns seinen Heiligen Geist sandte. Und – was sehr wichtig ist – er zeigt uns auch heute noch seine Liebe und sein Mitgefühl durch die unsagbar wertvolle Gabe der göttlichen Heilung.

Die Berührung des Meisters ist keine Ware, die man kaufen kann (Apostelgeschichte 8,18-19), sondern sie entspringt einer göttlichen Eigenschaft, die im 1. Johannesbrief ganz genau dargestellt wird: „Gott ist Liebe" (Kapitel 4,8). Die einzige „Bezahlung", die Gott für seine heilende Gnade erwartet, ist unsere Dankbarkeit. Lukas stellt dies in seinem Bericht von den zehn Aussätzigen dar.

Und es begab sich, als er nach Jerusalem reiste, daß er mitten durch Samaria und Galiläa zog. Und bei seiner Ankunft in einem Dorf begegneten ihm zehn aussätzige Männer, die von ferne stehenblieben. Und sie erhoben ihre Stimme und sprachen: 'Jesus, Meister, erbarme dich unser!' Und als er sie sah, sprach er zu ihnen: 'Gehet hin und zeiget euch den Priestern!' Und es begab sich, während sie hingingen, wurden sie rein. Einer aber von ihnen, als er sah, daß er geheilt worden war, kehrte wieder um und pries Gott mit lauter Stimme, warf sich auf sein Angesicht zu Jesu Füßen und dankte ihm; und das war ein Samariter. Da antwortete Jesus und sprach: 'Sind nicht ihrer zehn rein geworden? Wo sind aber die neun? Hat sich sonst keiner gefunden, der umgekehrt wäre, um Gott die Ehre zu geben, als nur dieser Fremdling?' (Lukas 17,11-18).

Dieser Bericht enthält einige wichtige Lektionen. Zunächst einmal wird darin bestätigt, daß Gott lediglich von uns erwartet, daß wir ihm für seine heilende Berührung danken. In diesem Bericht kommen aber auch die drei Hauptgründe für das göttliche Heilen zum Ausdruck, die ich bereits in diesem Kapitel dargestellt habe. Hier wird deutlich, daß Christus diese Menschen heilen wollte, weil sie aufgrund ihrer Krankheit von den anderen ausgestoßen wurden. Es heißt, daß die Aussätzigen „von ferne stehenblieben", als sie ihre Bitte um Heilung an ihn richteten. Aussätzige konnten nicht einfach auf jemanden zugehen und mit einem freundlichen Willkommensgruß rechnen. Ihre unansehnlichen Geschwüre hätten sie zur Zielscheibe verbaler und körperlicher Angriffe gemacht. Das allein wäre für Jesus schon Grund genug gewesen, diese Menschen zu heilen. Aber als er ihre erbärmliche Lage sah, wurde noch ein weiteres Gefühl in unserem Herrn ausgelöst. Er empfand Mitleid mit ihnen. Er wollte, daß diese Aussätzigen ein erfülltes Leben genießen, wie er es für alle seine Kinder geplant hat (Johannes 10,10). Und doch erkannte er, daß diese zehn Männer stets Ausgestoßene bleiben würden, solange sie körperlich dermaßen entstellt waren. Er erhörte ihr Flehen und machte sie rein. Schließlich zeigt Jesu heilendes Wirken auch, daß er die Aussätzigen liebte – und seine Liebe kam auf zweifache Weise zum Ausdruck. Zunächst einmal war die göttliche Heilung der Aussätzigen ein Akt der selbstlosen, mitfühlenden Fürsorge. Indem er diese Menschen von den Beschwerden der Lepra befreite, offenbarte er ihnen die Tiefe seiner Liebe. Indem er ihnen jedoch die Anweisung gab, sich selbst den Priestern zu zeigen – die sie sicherlich über ihre erstaunliche Genesung ausfragen würden –, ließ Jesus die Lepra-Kranken wissen, wer er war. Er war der Messias, der gekommen war, „Gefangenen Befreiung zu predigen und den Blinden, daß sie wieder sehend werden" (Lukas 4,18). Wer sonst hätte sie heilen können? Wenn ein Mensch diese Wahrheiten anerkennt und akzeptiert, wird er damit zu einem Empfänger der ewigen Liebe Gottes.

DIE BERÜHRUNG DES MEISTERS

Ich hoffe, daß Sie beim Überdenken dieses Kapitels zu einem Weltbild gelangen, das Gottes Fähigkeit und Bereitwilligkeit zur Heilung ohne Einschränkung anerkennt. Sobald die Erkenntnis, daß er unseren Körper anrühren kann, zu einem Teil unseres Lebens wird, werden wir in der Lage sein, die positiven *geistlichen* Auswirkungen seiner Berührung zu verstehen.

Die Berührung Christi kann uns inneren Frieden schenken, wenn uns unsere Sündenlast abgenommen und in den Tiefen des Meeres versenkt wird. Wir können als seine Kinder eine neue Würde empfinden, und seine Berührung sollte uns veranlassen, seinen absoluten Besitzanspruch auf unser Leben anzuerkennen. Diese Erkenntnisse sollten uns bewegen, uns ihm mit uneingeschränktem Gehorsam zum Dienst hinzugeben.

Ist es im Licht all dieser Überlegungen nicht sinnvoll, die heilende Berührung des Meisters jeden Tag zu suchen?

11 Rezepte, die der Gesundheit dienen

Es gibt viele Faktoren, die einen Menschen davon abhalten können, eine verschriebene Medizin sofort und auf angemessene Weise einzunehmen. Mindestens einmal in der Woche ruft mich zum Beispiel irgendein Patient an, der sich entschuldigt und mich bittet, ihm noch einmal ein Medikament zu verschreiben, das aus Versehen in den Ausguß geschüttet wurde, in ein Aquarium fiel oder von einer Müllzerkleinerungsanlage vernichtet wurde.

Andere Medikamente erleiden ein noch merkwürdigeres Schicksal. Während meiner Anstellung am Missionshospital in Soddo in Äthiopien stellte ich fest, daß wilde Tiere gelegentlich ganze Kisten unserer Medizin fraßen, bevor sie ordnungsgemäß gelagert werden konnten. Eigentlich müßten jetzt in Afrika eine große Anzahl sehr gesunder Hyänen herumlaufen.

Leider kann ich mich auch daran erinnern, daß einige Äthiopier darum baten, daß man ihnen Medikamente verschrieb, nur um diese wertvolle Medizin auf dem Schwarzmarkt gegen Geld, Kleider oder Nahrung einzutauschen.

Meistens jedoch wird ein verschriebenes Medikament falsch angewendet, weil die Dosierungsanweisung falsch gelesen oder falsch gedeutet wird. Natürlich möchte ich keinesfalls, daß dies jemandem zustößt, der Gottes Rezepte für seine Gesundheit anwendet. Vielleicht wäre es daher klug, die Anweisungen für diese besondere Art von „Medizin“ noch einmal zu erklären. Ich bin sicher, daß Sie alle schon einmal auf einer Medikamentenschachtel gelesen haben: „Nicht gleichzeitig mit anderen Medikamenten einnehmen.“ Diese Warnung soll Patienten davon abhalten, verschiedene Medikamente gleichzeitig einzunehmen, deren Wirkungen sich gegenseitig aufheben oder gefährliche Nebenwirkungen zur Folge haben. Das Wunderbare an Gottes Rezepten ist jedoch, daß diese Regel auf sie nicht zutrifft. Solche Linderungsmittel wie Sündenbekenntnis, Vergebung und Glauben können alle zur selben Zeit eingenommen werden, ohne daß es zu irgendwelchen schädlichen Nebenwirkungen kommt. Im Gegenteil, *je mehr* Sie von ihnen einnehmen, um so besser wird es Ihrer Seele und Ihrem Körper gehen!

Ich hoffe, daß Sie bereits begonnen haben, Gottes Rezepte für Ihre

Gesundheit anzuwenden und daß Sie schon einen Unterschied in Ihrem Leben feststellen können. Ich bin mir jedoch im klaren darüber, daß wir in diesem Buch eine ganze Reihe von Tatsachen angesprochen haben, und ich möchte nicht, daß diese Rezepte zu einem Fall von geistiger Magenverstimmung führen.

Wenn Sie also in den vor Ihnen liegenden Tagen, Wochen und Monaten gründlich über jeden Aspekt der göttlichen Rezepte nachdenken möchten, würde ich Ihnen gerne drei einfache Fragen mit auf den Weg geben, über die Sie sich Gedanken machen können. Diese biblisch begründeten Fragen werden es Ihnen erleichtern, sich klarer auf die Hauptthemen und Rezepte zu konzentrieren, die ich in diesem Buch dargestellt habe. Während Sie über die Antworten nachdenken, die Ihnen zu diesen Fragen einfallen, wird Ihr Geist gesunden und gestärkt werden – ein solcher Geist kann dann zur Verbesserung Ihrer körperlichen Gesundheit führen.

„SOLLTE DEM HERRN ETWAS UNMÖGLICH SEIN?“ (1. Mose 18,14)

Warum glauben anscheinend so viele Menschen, daß Gott gewisse Situationen einfach nicht bewältigen könne? Wie wir bereits festgestellt haben, hegten die Israeliten genau diese Einstellung, als ihnen das Rote Meer den Weg abschnitt und Pharao ihnen dicht auf den Fersen war. Sie waren fest davon überzeugt, daß Gott nichts tun konnte, um sie aus ihrer verzweifelten Lage zu retten.

Solch eine Haltung hat dann natürlich auch zur Folge, daß die Menschen Gottes Kraft, ihren Körper zu heilen, ebenso anzweifeln. Ich habe einige meiner Patienten sagen hören: „Gottes Rezepte für die Gesundheit anwenden? Ich weiß nicht, Gott ist ziemlich beschäftigt, Er hat sowieso schon genug zu tun. Ich bin überzeugt, daß er gar nichts für meinen Dickdarm tun kann.“

Ganz im Gegenteil, Gott ist brennend an allem interessiert, was unsere Seele und unseren Körper betrifft. Er hat sogar die Haare auf unserem Kopf gezählt! (Matthäus 10,30). Nichts ist so schwer, daß Gott es nicht vollbringen könnte. Er hat die Wahrheit dieser Aussage wiederholt in meinem Leben unter Beweis gestellt.

Im Jahre 1975 erhielten meine Familie und ich von der marxistischen Regierung Äthiopiens die Erlaubnis, das Land zu verlassen. An einem Frühjahrsmorgen verließen wir mit unserem Fiat-Kombi Soddo und machten uns auf den Weg durch die Wüste zur Hauptstadt Addis Abeba. Nach ungefähr einer Stunde hatte unser Auto jedoch eine Panne. Und als ob das nicht schon schlimm genug wäre, waren wir auch noch in einer Region gelandet, in der der Arrussi-Stamm lebte. Die Arrussis waren ein von Natur aus angriffslustiges Volk, das von der Regierung noch zusätzlich durch ständige antiwestliche Propaganda aufgehetzt worden war. Eine Woche vorher hatte ich die Insassen eines Landrovers behandelt, die, ungefähr fünfzehn Kilometer von unserem gegenwärtigen Standort entfernt und von der Außenwelt abgeschnitten, von Arrussi-Kriegern angegriffen worden waren.

Wir waren viele Kilometer von jeglicher Zivilisation entfernt, und die unberechenbaren Arrussis durchstreiften dieses Gebiet. Daher hielt ich es durchaus für möglich, daß wir nunmehr am Ende unseres Weges angelangt waren. Ich fragte mich: *Wird der Gott, der niemals schlummert, der Herr, der die Planeten in ihrer Umlaufbahn hält, Zeit haben, um einigen in der Wildnis gestrandeten Missionaren zu helfen?*

Gerade als mir diese Gedanken durch den Kopf schossen, hörte ich ein dumpfes Grollen in der Ferne. *O nein,* dachte ich, *das sind die Arrussis, sie haben uns entdeckt.* Das Grollen wurde immer lauter, und mein Herz klopfte laut, während ich auf ein Empfangskomitee der Arrussis wartete. Eine Sekunde später kam die Ursache des Grollens in unser Blickfeld.

Es war ein Bus. Ein Bus? Der nächste Bus sollte doch erst in mehreren Stunden hier vorbeikommen! Dann dämmerte es mir: Heute war der 1. Mai, ein wichtiger Feiertag in marxistischen Nationen. Da die Menschen zu den von der Regierung angesetzten Feierlichkeiten in großen Massen in die Hauptstadt strömten, waren den ganzen Tag Sonderbusse im Einsatz. Der Bus hielt an und brachte mich in das nächstgelegene Missionshospital. Dort fand ich einen Mechaniker, der mit mir zum Auto zurückkehrte. Bald darauf setzten wir unsere Reise fort. Die Verzögerung hatte sogar dafür gesorgt, daß wir dem wütenden Mob in der Hauptstadt entgingen. Sollte dem Herrn irgend etwas unmöglich sein? Konnte er das Rote Meer für Israel teilen? Konnte er einen Bus in die Wüste schicken, um meine Familie zu retten? Kann er die Gefühle der Schuld, der Unzufriedenheit oder der Depression und ihre körperlichen Folgen heilen? Die Antwort auf all diese Fragen lautet ganz eindeutig: Natürlich kann er es!

SOLLTE GOTT SEIN WORT NICHT HALTEN? (4. Mose 23, 19)

Sie haben sicher bereits bemerkt, daß die acht Jahre, die ich in Äthiopien verbrachte, mein Leben auf entscheidende Weise geprägt haben. Wenn Sie mir noch eine kleine Weile Gehör schenken möchten, werde ich Ihnen von zwei weiteren Erfahrungen berichten, die ich dort machte.

Die erste ist wichtig, weil sie mit folgender Frage in Zusammenhang steht: Sollte Gott etwas reden und es nicht halten? In der Schrift hat Gott viele Verheißungen gegeben, die die Grundlage seiner Rezepte für unsere Gesundheit darstellen. Eine Verheißung zum Beispiel, die wir schon früher betrachtet haben – „Wenn wir aber unsere Sünden bekennen, so ist er treu und gerecht, daß er uns die Sünden vergibt" (1.Johannes 1,9) –, ist ein Schlüssel zu seiner Medizin gegen Schuld. Daher ist es wichtig, daß wir die Wahrheit und Gültigkeit aller göttlichen Verheißungen anerkennen, wenn wir Heilung erfahren wollen.

Hierauf bezieht sich auch eine meiner Erfahrungen in Soddo. Schon seit geraumer Zeit hatten Christen in dieser Gegend den Eindruck, es sei Gottes Wille, daß sie ein neues Krankenhaus im Südwesten Äthiopiens errichteten. Das einzige Problem war, daß diese neue Einrichtung nahezu 250 000 Dollar kosten sollte und wir auch nicht annähernd über ausreichende finanzielle Mittel verfügten. Da wir das dafür notwendige Geld nicht besaßen, schien uns das Projekt sehr teuer zu sein.

Aber wir erinnerten uns daran, daß Gott den Israeliten verheißen hatte, daß er mit ihnen sein würde, wenn sie den Tempel *durch Glauben* wieder aufbauten (Haggai 2,1-5). Daher beschlossen wir, im Glauben dieses Projekt in Angriff zu nehmen.

Der Beginn unseres Bauprojektes war nicht gerade vielversprechend. In einem Zeitraum von sieben Jahren beschäftigten wir vier verschiedene Bauunternehmer. Der erste machte sich heimlich mit 72 000 Dollar davon. Der zweite sagte uns, daß er zu einer Hochzeit nach Kanada fahren müsse. Er fuhr ab, nachdem er zwei Drittel einer Etage gebaut hatte, und kehrte niemals zurück. Ein dritter Bauunternehmer mußte die Arbeit aus gesundheitlichen Gründen niederlegen.

Schließlich unterschrieb ein ägyptischer Bauunternehmer, der ebenfalls Christ war, einen Vertrag, das Projekt zu übernehmen, obwohl er wußte, daß wir immer noch 100.000 Dollar aufbringen mußten, um die Baukosten zu decken. Aber er hatte unsere Vision für dieses Krankenhaus erfaßt. Ebenso wie wir glaubte er, daß Gott verheißen hatte, dieses Projekt zur Vollendung zu führen. Er war überzeugt, daß dann auch das nötige Geld auftauchen würde.

Zweifeln Sie noch, ob das Hospital jemals fertiggestellt wurde? Ich hoffe nicht! Gott stellte die nötigen Mittel, die wir brauchten, zur Verfügung – genau wie er es verheißen hatte. Das neue Krankenhaus war vor und nach unserer Abreise aus Äthiopien in Betrieb.

Sollte der Herr sein Wort nicht halten? Hat er den Tempel nicht gebaut? Hat Jesus sein Versprechen gebrochen, seinen Jüngern den Heiligen Geist zu senden? (Johannes 14, 15-31). Sind seine Verheißungen, uns Frieden und Zufriedenheit zu schenken, die unsere Gesundheit erhalten, nur leere Worte? Niemals! Wir können vielmehr *allen* Verheißungen des Herrn uneingeschränkt Glauben schenken – auch jenen, die sich auf seine Rezepte für unsere Gesundheit beziehen. Jeder, dem wahrhaft daran gelegen ist, seinen körperlichen und geistlichen Gesundheitszustand zu verbessern, muß diese Tatsache im Auge behalten.

„IST DER ARM DES HERRN NUN ZU KURZ GEWORDEN, DASS ER NICHT MEHR ERLÖSEN KANN?“ (Jesaja 50,2).

Meine zweite „äthiopische Erfahrung“ steht in Verbindung mit einer rhetorischen Frage, die Jesaja einmal stellte: „Ist mein Arm nun so kurz geworden, daß er nicht mehr erlösen kann?“ (Jesaja 50,2). Als ich davon berichtete, wie wir in der Wüste von der Außenwelt abgeschnitten waren, erwähnte ich die Tatsache, daß wir „die Erlaubnis erhalten“ mußten, um Äthiopien verlassen zu dürfen. Das beruhte darauf, daß die Regierung sich nach dem Staatsstreich von 1974 das Recht vorbehielt, alle Ausreisevisa für Ausländer zu genehmigen. Das wurde für meine Familie und mich zu einem großen Problem.

Nach vier Jahren Aufenthalt in Soddo hatte ich mich entschlossen, in die Vereinigten Staaten zurückzukehren, um weiterführende medizinische Studien zu betreiben. Aber die dortigen Einwohner – die die Dienste ihres dort ansässigen Chirurgen nicht missen wollten – beschlossen, mir Steine in den Weg zu legen. Sie unterzeichneten Bittschriften „mit dem Wunsch“, daß ich doch in Äthiopien bleiben möge.

Gerade als es so aussah, als würde ich den Rest meines Lebens als Gast der Regierung verbringen, stattete der äthiopische Gesundheitsminister Soddo einen Besuch ab. In der Hoffnung auf seine Unterstützung nahm ich all meinen Mut zusammen und berichtete ihm von meiner heiklen Lage. Glücklicherweise stellte sich heraus, daß auch der Minister Arzt war. Er verstand daher meinen Wunsch, zur Weiterbildung in der Chirurgie in die Vereinigten Staaten zurückzukehren.

Um es kurz zu machen, der Minister setzte sich dafür ein, daß die Ausstellung unserer Ausreisevisa beschleunigt wurde. Bei dem zuvor erwähnten 1. Mai schoben meine Familie und ich unseren Kombiwagen wie in einer Fluchtszene aus einem dramatischen Film hinaus auf die Straße, fuhren an den schlafenden Wachen vorbei und ließen diese widerspenstige afrikanische Stadt hinter uns.

Ist Gottes Arm zu kurz, um uns zu retten? Keineswegs. Ich habe keinen Zweifel daran, daß der Gesundheitsminister von Gott gebraucht wurde, um Gottes Willen für mein Leben zu verwirklichen. Daher war es in Wahrheit nicht der Minister, der uns geholfen hat, aus Soddo zu entkommen. Es war Gottes starker Arm, der uns befreite.

Auch im Hinblick auf unsere Gesundheit kann dies bemerkenswerte Auswirkungen haben. Kein Problem im Gefühlsbereich oder in unserer Gedankenwelt, keine körperliche Krankheit, kein körperliches oder seelisches Leiden liegen außerhalb der Reichweite seiner heilenden Berührung. Dessen können wir gewiß sein.

KANN GOTT EINEN TISCH BEREITEN IN DER WÜSTE? (PSALM 78,19)

Über diese wichtige Frage sollten wir uns einmal Gedanken machen. Gott hat sozusagen für meine Familie in der äthiopischen Wüste ein Festmahl bereitet, als unser Auto eine Panne hatte. Er sandte uns einen Bus! Diese Erfahrung bewies Gottes Fürsorge und Macht und ist eine ganz eindeutige Antwort auf die Frage des Psalmisten. Aber der Psalmist fragt auch noch nach etwas anderem. Er fragt nach Gottes Zeitplan für seine Fürsorge. „Kann Gott immer noch für uns sorgen?“ so fragt er sich, wenn die Lage hoffnungslos scheint, wenn Logik und die Umstände gegen die Erfüllung seiner Verheißungen zu sprechen scheinen. Kann er tatsächlich einen Tisch in der Wüste bereiten? In der schwersten Depression oder inmitten der schlimmsten Anfechtungen möchten wir wissen, ob Gott uns wirklich befreien kann. Wenn unsere Wut unser Verdauungssystem in Aufruhr versetzt, möchten wir wissen, ob Gott wirklich für unsere Heilung sorgen kann. Wenn meine Patienten mir solche Fragen stellen, erzähle ich ihnen eine Geschichte, die ich vor Jahren hörte. Sie handelt von einem jungen chinesischen Mädchen, das in einem Missionswaisenhaus aufwuchs. Einige Monate lang hatte diese junge Waise gebetet, daß sie doch in der Lage sein möge, jedem der anderen Kinder im Waisenhaus zu Weihnachten ein Geschenk zu machen. Diese Bitte war nicht nur bemerkenswert, weil sie so selbstlos war, sondern weil es in dieser Einrichtung 186 andere Waisen gab!

Als das Weihnachtsfest näherrückte, hatte das Mädchen noch immer kein Geld und keine Geschenke erhalten, aber ihr Glaube an den Herrn blieb fest. Obwohl sie nicht die geringste Ahnung hatte, wie Gott ihre Bitte erfüllen würde, blieb ihr Vertrauen unerschüttert.

Als jedoch der Weihnachtstag schließlich gekommen war, schien es, als ob ihr Gebet nicht erhört worden war. Sie hatte keine Geschenke für die anderen Kinder. Sie war sehr traurig und zog ohne großes Interesse an den Bändern eines Geschenkes, das die Mission jedem Kind zukommen ließ. Sie fragte sich, warum Gott ihr Gebet nicht erhört hatte.

Schließlich löste sie das Geschenkband und öffnete ihre Schachtel. *„Nanu, das kann doch nicht wahr sein"*, dachte sie. In der Schachtel sah sie lauter Kämme, und ihr Herz hüpfte vor Freude. Ganz schlichte, gewöhnliche Haarkämme – aber es waren genug, um jedem Kind in dem Waisenhaus einen davon zu schenken! Das junge Mädchen sprang sofort von ihrem Platz auf und begann voller Freude, die langerwarteten Geschenke auszuteilen! Ein Mitglied des Missionspersonals fragte sie, was sie da tat. Das Mädchen erklärte höflich, wie Gott ihre Gebete erhört und ihr diese Kämme zur Verfügung gestellt hatte. Jemand fragte bei der Gemeindeorganisation nach, die die Gaben gesandt hatte. Die Geschichte des jungen Waisenmädchens wurde bestätigt. Offensichtlich war eine der Gemeindemitarbeiterinnen in großer Eile gewesen, um alle Geschenke für die Kinder rechtzeitig einzupacken. Dabei hatte sie aus Versehen alle Kämme zusammen in ein Paket getan – und das war genau das Paket, das Gott dem kleinen Mädchen zukommen ließ. Vom menschlichen Standpunkt aus gesehen scheint diese Geschichte völlig grotesk – 186 Kämme für ein kleines Waisenmädchen? Ja, aber unser Gott ist ein Gott, der Wunder tut, und im Glauben können wir ihm vertrauen, daß er für all unsere Bedürfnisse sorgt.

Kann Gott einen Tisch in der Wüste bereiten? Ja, er kann es. Ebenso wie er Waisen Gaben zukommen lassen kann, kann er den Menschen, die ihn lieben, die Wiederherstellung ihrer Gesundheit schenken.

GOTTES REZEPTE

All dies scheint zu wunderbar, um wahr zu sein, aber unser Gesundheitszustand liegt Gott wirklich am Herzen. Er hat uns Mittel zur Verfügung gestellt, durch die wir unseren Gesundheitszustand verbessern können.

Der Schlüssel zu diesem ganzen Vorgang ist erstaunlich einfach. Wir müssen nur erkennen, daß zwischen der Gesundheit unseres Geistes und unserer körperlichen Gesundheit ein Zusammenhang besteht. Wenn unser Geist dann dynamisch und stark ist und wir geistlich wachsen, haben wir eine gute Chance, daß dies auch mit unserer körperlichen Kraft geschieht.

Der Apostel Johannes faßte diese Erkenntnis wunderbar in der Feststellung zusammen:

... ich hoffe, daß es dir gutgeht und du an Leib und Seele so gesund bist wie in deinem Glauben (3. Joh. 2; H. f. a.).

Möge es all unseren Seelen „gutgehen“, und möge unser guter Gesundheitszustand davon Zeugnis geben.

Antwort auf Lebensfragen

In dieser Reihe sind bisher erschienen:

Klaus Berger
OHNE LIEBE KEIN LEBEN
Edition C, Nr. S 1, 112 Seiten
Wer nicht liebt, kennt Gott nicht

Thomas Kopka
SEHNSUCHT OHNE HOFFNUNG
Edition C, Nr. S 2, 112 Seiten
Die Persönlichkeitsentwicklung zum Selbstmord im Licht des biblischen Menschenbildes

David Seamands
HEILUNG DER GEFÜHLE
Edition C, Nr. S 3, 120 Seiten
„. . . so werdet ihr recht frei“

David Seamands
BEFREIT VOM KINDISCHEN WESEN
Edition C, Nr. S 4, 154 Seiten
„. . . tat ich ab, was kindisch war“

Dwight L. Carlson
LEBEN UND NICHT MÜDE WERDEN
Edition C, Nr. S 5, 200 Seiten
Ein Ratgeber gegen Angst, Erschöpfung, Depressionen

John White
DIE MASKEN DER MELANCHOLIE
Edition C, Nr. S 6, 184 Seiten
Depression hat viele Gesichter

Bernd Beuscher
KEINE ZUKUNFT FÜR ILLUSIONEN
Edition C, Nr. S 7, 100 Seiten
Heilsame Enttäuschungen in Theologie und Psychoanalyse

VERLAG DER FRANCKE-BUCHHANDLUNG GMBH
MARBURG AN DER LAHN

In der Reihe BRENNPUNKT FAMILIE sind außerdem erschienen:

Ross Campbell
KINDER SIND WIE EIN SPIEGEL
Ein Handbuch für Eltern, die ihre Kinder richtig lieben wollen
Edition C, Nr. F 1, 112 Seiten

Norman Wright
ZUHÖREN MUSS MAN LERNEN
Harmonie in der Familie
Edition C, Nr. F 2, 108 Seiten

Barbara Sroka
EINS IST EINE GANZE ZAHL
Allein – und doch erfülltes Leben
Edition C, Nr. F 3, 120 Seiten

Nancy Potts
LEBEN IN ZEITEN DER EINSAMKEIT
Machen Sie das Beste aus den einsamen Stunden, die zwischen den angenehmen Zeiten der Gemeinsamkeit liegen
Edition C, Nr. F 4, 120 Seiten

Allan Petersen
WIR STECKEN IN EINER KRISE
Wie man mit Schwierigkeiten in der Familie fertig wird
Edition C, Nr. F 5, 144 Seiten

Tim Timmons
EHE – NACH GOTTES PLAN
Praktische Anleitungen, die Leben und Liebe in ihre Ehe bringen
Edition C, Nr. F 6, 120 Seiten

Ilse Wenzel
CHRISTLICHE ERZIEHUNG UND INTELLIGENZENTWICKLUNG
Briefe an Claudia
Edition C, Nr. F 7, 120 Seiten

James L. Johnson
SO BIN ICH, LIEBE FRAU
Was jede Frau über einen Mann wissen sollte
Edition C, Nr. F 8, 120 Seiten

Joyce Landorf
STARK UND ZART
Wie sich eine Frau den Mann wünscht
Edition C, Nr. F 9, 144 Seiten

Joyce Landorf
WENDEPUNKTE IM LEBEN DER FRAU
Wenn wir ihn am meisten brauchen
Edition C, Nr. F 10, 128 Seiten

Ross Campbell
TEENAGER BRAUCHEN MEHR LIEBE
Ein Handbuch für Eltern, die ihre Teenager richtig lieben wollen
Edition C, Nr. F 11, 128 Seiten

Walter Trobisch, Jim Conway u. a.
AUCH ELTERN BRAUCHEN LIEBE
Ein Handbuch für den Umgang mit Eltern und anderen Verwandten
Edition C, Nr. F 12, 112 Seiten

Charles Swindoll
ENTFACHE DAS ALTE FEUER
Vom Duell in der Ehe zurück zum Duett
Edition C, Nr. F 13, 168 Seiten

Richard Strauß
GEHEIMNIS BIBLISCHER EHEN
Die Flitterwochen sind vorbei
Edition C, Nr. F 14, 134 Seiten

Dorothy Pape
WIR FRAUEN UND GOTT
Was sagt uns das Neue Testament?
Edition C, Nr. F 16, 151 Seiten